郑毅——著

博物馆里的大唐之美

人民东方出版传媒
東方出版社

图书在版编目（CIP）数据

博物馆里的大唐之美 / 郑毅著 . — 北京 : 东方出版社 , 2021.5
ISBN 978-7-5207-1205-7

Ⅰ . ①博… Ⅱ . ①郑… Ⅲ . ①历史文物—研究—中国—唐代 Ⅳ . ① K871.434

中国版本图书馆 CIP 数据核字（2021）第 036092 号

博物馆里的大唐之美
（BOWUGUAN LI DE DATANG ZHI MEI）

作　　者：郑　毅
责任编辑：刘　峥
出　　版：东方出版社
发　　行：人民东方出版传媒有限公司
地　　址：北京市西城区北三环中路 6 号
邮　　编：100120
印　　刷：河北华商印刷有限公司
版　　次：2021 年 5 月第 1 版
印　　次：2021 年 5 月北京第 1 次印刷
印　　数：1—10 000 册
开　　本：710 毫米 ×1000 毫米　1/16
印　　张：17.5
字　　数：197 千字
书　　号：ISBN 978-7-5207-1205-7
定　　价：108.00 元
发行电话：（010）85924663　85924644　85924641

自 序

这本书的缘起是 2019 年秋在辽宁省博物馆举办的"又见大唐"书画文物特展。

因为有国家文物局和辽宁省委宣传部牵头，特展起点高、动静大、重宝云集，不仅全辽宁压箱底儿的东西拿出来了，还从北京、上海、陕西、河南等地的博物馆借调了不少珍贵藏品。像唐人孙位的《高逸图》，在上海博物馆也是镇馆之宝，绢本脆弱，多少年都不展出一回。

而辽宁省博物馆拿出的《簪花仕女图》、《虢国夫人游春图》、唐摹《万岁通天帖》、《古诗四帖》等，与《高逸图》一样，同属当年末代皇帝溥仪以"赏赐"名义带出宫的、清室旧藏里优中选优的精品。

这就使其客观上成为以国宝书画为主要特色的展览。唐朝是中国历史上的高光时刻，相关重量级大展也多，但像这个定位的还绝无仅有。毕竟，纸上的色彩、绢上的线条，展开一次折损一次，能聚在一起让人看，是太难得的机缘。

为了延续这份机缘，惠及更多爱好历史文化的朋友，辽宁卫视邀我制作系列节目《又见大唐——精品文物背后的唐代文明》，这部书稿便是在我撰写的节目文稿的基础上修订而成的。

面向大众，须以通俗晓畅为目标；面对历史，又须以扎实严谨为铁律。疑则传疑，信则传信，既要门道，又要热闹，这是很大的挑战。

平素个人阅读，我喜欢李长之先生研究古典文学的专著，笔端常含感情，亦不减扎实底蕴；我也喜欢闻一多先生谈诗词、潘伯鹰先生谈书法的文章。前辈大家真正做到了深入浅出，于我，则自知学力浅薄，非曰能之，愿学焉而已。

好在唐是精彩的，横看成岭侧成峰，读者诸君当能借助本书的引导，于千年唐物间尽情涵泳，沉潜于那个缤纷王朝的动人风色之中。

目录标红的部分，篇幅相对长一些，这是为节目周末版特别撰写的，因为系著名演员王刚先生演播，下笔之时，故事性及生动感也有意更强一些。但无论如何，书中所有叙述、信息、细节均有史籍出处，方便随文注明的都随文注明，其余亦不再专门出注。

我是西安人，那座曾经的大唐故都，唐风未远。如今行文落墨，往往牵出我会心的童年记忆。我是带着温情看待那段历史的，也希望把这种历史的温情主义透过文物之美，传递给每位朋友。

是为序。

郑　毅

2020 年 11 月 18 日　于北京

目 录

01

我们为什么爱大唐

盛世回响，又见大唐。

说起唐朝，您能想到什么呢？

有人会想到李白，古往今来，写诗的人很多，写得好的人也多。但只有唐朝的李白被称为"诗仙"，也只有李白的诗，有一种"明月出天山，苍茫云海间。长风几万里，吹度玉门关"的仙气和豪气。后世诗人面对李白，经常会感到绝望，因为汉语的美与诗意，都被这位"谪仙人"轻轻松松地开发完了，让我们还怎么写呢？

有人会想到长安，世界上所有数得上号的"国际化大都市"里，长安永远排在第一个，是后面所有城市的"太上皇"。其实"国际化大都市"这个概念，最早就是从长安给定义出来的。

我自己是西安人，切身体会，去国外旅行，当地人问："你从哪里来啊？"当我回答西安的时候，他们礼貌性地点点头；可当我回答长安，他们立马眼睛放光，用惊喜的、仿佛很懂的样子，跟一句："哇，长安！"

虽然他们也许并不知道，如今的长安只是西安市辖下一个区的名字。

还有人会想到什么？唐太宗李世民？"贞观之治"与"开元盛世"？敦煌？龙门石窟？丝绸之路？《簪花仕女图》？《虢国夫人游春图》？烟花三月下扬州？

没错，这些都是。我们经常说历史像一条河，政治的、经济的、文化艺术的、社会生活的等等，都在其中流淌，不管源头如何邈远，也不管支流如何繁富，只要它流到了唐朝这段儿，一定是河道开阔、烟波浩渺，一定是水大鱼大、生机勃勃，一定是此前所有阶段都没见过的风景，一定是此后所有阶段顶礼膜拜的对象。

有人说这也太绝对了吧？唐朝不是也有战争吗？不是也经历过安史之乱，由盛转衰了吗？不是中晚唐的宦官、藩镇和朋党也斗得死去活来吗？这些怎么不提呢？

问得好，历史就是这么有趣。

大唐王朝，国祚绵长，风云变幻，当然有起有落。

但是，在中国人的历史记忆里，唐朝，就是了不起；就是泱泱大国、开天盛世；就是儒家学者们苦苦追寻终于实现了的政治理想；就是国际舞台上最聚光的那块熠熠生辉的地方。与这种主流的历史记忆和它彰显的民族自豪感、自信心以及前所未有的文化认同比起来，那些发展道路上的"枝节"一定会被岁月带走，而留下的硕大、梦幻般的精神遗产也一定会代代相承。

中华人民共和国成立以后，考古工作突飞猛进，很多古墓葬被陆续清理和保护。人们惊讶地发现，所有古墓葬里，只有唐人的墓碑石刻上，无数次出现了前面冠以"大"字的国家名号——"大唐"（图1-1）。人死了，还要把国家的名号郑重地刻在自己的墓碑上，还要在前面加上一个"大"

图1-1 唐人墓志中的"大唐"

字，这叫什么？这叫死了都要爱。

无论此生还是来世，都为国家骄傲，都愿意拿它的名号作为自己永恒的身份标识，而不愿意改变，这就是真正的国家荣誉感。

2019年10月7日，由国家文物局和辽宁省委宣传部主办的"又见大唐"文物特展，在辽宁省博物馆盛大开幕（图1-2）。观者如潮，是辽博建馆以来所罕见的。为什么？我想，一个是大唐留给我们的精神遗产足够有吸引力，标志着古代一个盛世所能达到的高度；再一个，人们也是为了那份国家荣誉感而来，强唐雄汉，是中国人骨头里的钙。

"又见大唐"这个名字，意味深长。现在不都讲"穿越"吗？可以设想一下，假如咱们穿越回1400多年前，也就是公元619年，唐王朝刚刚迎来它一周岁的生日。运气好的话，咱们能见到21岁的秦王李世民，好歹攀上个交情，陪他打天下，还可以悄悄告诉他："你以后会成为一位

图1-2　辽宁省博物馆"又见大唐"特展现场

伟大的皇帝，只不过'玄武门'对你是个考验。"

　　假如咱们穿越回1300多年前，那就到了公元719年，唐玄宗李隆基的时候，正是开元盛世，长安城里一住，要啥有啥。李白那会儿才刚满18岁，还在四川老家读书呢，咱们大可以去找他，对他讲："哎，来的路上，我构思了首诗，还不错哟，你给听听，'噫吁嚱，危乎高哉！蜀道之难，难于上青天！'"

　　假如咱们穿越回1200多年前，那就到了公元819年，还是唐朝，立国200年，啥都经过了，虽说没有以前繁盛，可也不像有一段那么动荡。文人学者特多，除了韩愈，刘禹锡、白居易这几位都还没到50岁，杜牧更小，十六七岁。咱也甭嫌他们住得远，一个个拜访，只提一个请求："麻烦您给我留幅字儿呗？"

又见，就是穿越。

从眼前穿越到过往，又从过往穿越回眼前。古老与现代，过去与未来，辉煌的记忆与复兴的梦想，就这么隔空对话、心有灵犀，借助博物馆里展陈的一幅幅书画、一件件器物，诉说着中国人从未改变过的家国情怀、创造力、奋斗精神以及对于美好生活的向往。展柜里大唐的故事，观展的我们的故事，都是一脉相承的中国故事！

唐是什么？说起来悠远，实则一目了然。

它就是《虢国夫人游春图》里信马由缰的春天，是《簪花仕女图》里雍容美丽的生命，是《古诗四帖》笔走龙蛇的艺术激情，是《万岁通天帖》涌动的文化血脉。

唐，也是丝绸之路上吹来的风，是牵着三彩骆驼的商队高唱的歌，是琵琶、羌笛伴着行吟诗人一饮而尽的酒，是撒马尔罕考古博物馆展出的"开元通宝"（图1-3）与辽宁朝阳地区出土的"东罗马金币"（图1-4）之间勾勒出的广袤时空。

大唐，曾经远去，从未远去；又见，是致敬，也是传承。

图1-3　金开元通宝　　　　　　　　图1-4　东罗马金币

02

阔大昂扬的图像世界

盛世回响，又见大唐。

辽宁省博物馆"又见大唐"特展，有个定位，叫"世界范围内规模最大的以唐代书画来呈现大唐风韵"的展览。

这个定位实在出众。唐代到现在多少年了？一幅薄薄的书画能留下来，哪怕是宋人的摹本，都无比珍贵。

它们为我们打开了中国历史上曾经有过的那个最鼎盛王朝的图像世界，那里面千岩竞秀、万壑争流，有数不尽的风景和奇观。

迎面遇到的第一个画家，就是初唐的阎立本。

我一直觉得，阎立本是个真正走运的人。他伴着公元7世纪的曙光出生，18岁那年，迎来了大唐王朝的建立。从那时候开始，他成了一名光荣的唐人。

他的出身也足够好。咱们今天提谁祖宗十八代，好像骂街的话，但是要跟阎立本提，准保没事儿，因为人家家，从东汉那会儿就已经世代为官了，400多年都没断过。传到他父亲那一辈，能书善画，有极高的艺术修养，被北周皇帝选为女婿，成了驸马爷，又被继之而来的隋文帝相中，拜为将军。

他哥哥阎立德也了不起，也是写入美术史的大人物，被唐太宗任命为将作大匠、工部尚书，实际上成了皇家生活的总设计师。那个位子可不是一般人能坐得住的，举凡皇帝皇后穿戴的服饰、使用的家具、居住的宫殿，甚至死后的陵墓，都得由这个人设计，这也就注定了，他得是最拔尖的。

如此出身，又生逢盛世，阎立本真可算得上是天之骄子。

更难得的，他跟同样年轻的李世民还有交情，那会儿李世民还没当皇帝，还是秦王呢，阎立本就在王府里陪伴其左右，深得其信任。

话说一个人怎样才能有大出息？有前辈总结出四个条件：第一，你自己得行；第二，得有人说你行；第三，说你行的那个人，他自己得行；第四，你身体得行。

咱们拿这四个条件来看阎立本。

第一，他自己行不行？当然行，家学渊源，才华出众。第二，有没有人说他行？当然有，李世民啊。第三，说他行的这个人，自己行不行？不用问，太行了！第四，他身体行不行？也不错，活了70多岁，那年月绝对算高寿。

有这四个条件加在一起，阎立本想默默无闻都难。

唐太宗李世民有个观念，伟大的时代，得有伟大的图像来记录和表现，要不然过去了也就过去了，如何能激励后人景仰、效法呢？

所以早在他还是秦王的时候，就下令让二十几岁的阎立本绘制《秦府十八学士图》。所谓秦府十八学士，是辅佐自己打天下的十八位功臣，他们在战争年代崭露头角，后来又成为贞观政坛上举足轻重的人物。

转眼又过了 20 年，功臣们有的故去了，又有新人加入进来，长江后浪推前浪。于是，皇帝下令让已经人到中年的阎立本，再画一组《凌烟阁功臣二十四人图》。其中包括大家耳熟能详的长孙无忌、房玄龄、杜如晦、魏征、虞世南，以及借助后世的小说戏曲而为民间喜闻乐见的秦叔宝、程咬金等。

这是初唐时代最正式、最大型，也是最高规格的一次政治肖像画创作，由唐太宗李世民亲自为每位功臣撰写赞词，也就是褒扬他们的诗句，有点儿像给这些人颁发"终身成就奖"。

那么与之相配的画像，就得要求格外准确、传神、生动，它考验的是画家的写实能力，以及极高的造型技法。

我们可以通过阎立本留下的《步辇图》（图 2-1），领略到这些奥妙。

这幅画原本作于唐太宗贞观十五年，也就是公元 641 年，反映了民族关系史上的重大事件。

当时，生活在青藏高原的吐蕃族领袖松赞干布派遣使者入朝，向太宗皇帝提亲，想跟大唐结通婚之好。皇帝同意了这个请求，后来就是大家熟知的文成公主进藏的故事，千古颂扬，流传至今。

画面上描绘的就是身穿便装的太宗皇帝坐在步辇上接见吐蕃来使禄东赞的情景。

画家分两段构图，右边是太宗皇帝坐着步辇、前呼后拥而来；左边是三位臣子并列，恭恭敬敬肃立。细心的朋友可能注意到，右边人多，

　　节奏紧；左边人少，节奏松。而且宫女们很活泼，错落穿插；三位臣子很拘谨，板板正正。这就是画家的构图之妙，处处对立统一。

　　站在最前面的臣子，身材魁梧，脸上留着络腮胡子，穿一身大红袍，拱手端着笏板，一般被认为是唐朝的典礼官，引导着身后的禄东赞入朝觐见。禄东赞在吐蕃也算一号人物，相当于宰相，此时，他布满皱纹的脸上带着毕恭毕敬的神情，还流露出一丝不安，也许是担心被拒绝，不能完成使命吧。在他身后，还有一位穿白衣的翻译。

　　步辇上的皇帝是画家着力表现的对象，仪表堂堂、不怒自威。鉴于阎立本的写实功底，历史上真实的唐太宗李世民大概就长这个样子。九位年轻的宫女，各有操持，队形就有一点散乱。不过画家通

图2-1 ［唐］阎立本《步辇图》

过把两柄硕大的宫扇交叠在皇帝头顶，在这个区域形成了极大的视觉重量，使画面焦点始终落在皇帝身上。而且最前面双手抬辇的宫女，由于吃力，头自然地向下垂，也为太宗皇帝直视前方的温和目光让开了一片疏朗的视野。

据史书记载，这次会面非常成功，太宗皇帝甚至动了心思，想把另一位宗室之女嫁给禄东赞。这个提议被对方婉言谢绝了，理由非常得体：一来国中已有妻子；二来主人尚未迎娶，小臣怎敢造次？

这幅画是贞观之治的大唐与周边民族良性互动的写照，千载之下，依旧动人。

03

唐人的历史记忆

盛世回响，又见大唐。

在一般人看来，阎立本画画那么好，又深得皇帝赏识，简直十全十美。但事实上，应了那句话："我不要你觉得，我要我觉得。"他自己非但不这么想，还满肚子牢骚。

怎么回事呢？

那是唐太宗贞观年间。有一天，皇上和大臣们正在御花园游玩，一会儿看到姹紫嫣红一树奇花，一会儿看到碧波荡漾一池春水，兴致勃勃，赋诗的赋诗，饮酒的饮酒。这工夫，打远处飞过来一对儿谁也没见过的水鸟，五颜六色的，真漂亮。皇上不禁龙颜大悦，拍着手直叫："阎立本呢？快，快宣阎立本，把这鸟给朕画下来！"当值的宦官不敢怠慢，一路飞奔到阎立本家，边跑还边喊："画师阎立本听宣，皇上让你进宫画鸟，火速！可别让那鸟飞喽！"

阎立本当时在朝廷里担任主爵郎中之职，闻听此言，风风火火地进宫了。到了御花园，也顾不得擦汗，趴到池子边儿上就张罗开了。又是磨颜料，又是顺毛笔，手忙脚乱。

画完以后，众人看了无不喝彩，太宗皇帝也面露微笑："爱卿，这些事，还得有劳你呀！"

等阎立本回到家，这才想起来，都大半天了，自己还是水米未进。低头一瞅，这身儿衣服也早就花了，唉！

他把儿子叫到身边，说："你给我记住，你爹我打小好读书，自认也不是个蠢材，文章不比别人差。可如今你也听见了，宫里招我，喊的是'画师'阎立本，敢情我在人眼里，就是一画画的。同殿称臣，人家吃着乐着，我趴地上画鸟，鸟都比我风光啊！孩子你记着，学啥都行，千万别学画画！"

这个故事记录在《新唐书》里，应该是真事儿。说明了当时画师的地位叫"见用而不重"，也就是人家用你绘画的才能，可内心里并不把这才能太当回事。男子汉大丈夫，要么沙场立功，要么科举成名，那才是正路。

果不其然，到了唐高宗统治时期，阎立本都官拜宰相了，他画师出身的事儿，也还是一道硬伤。那会儿宰相分左右，阎立本是右相，左相是一个叫姜恪的立过军功的人，官场上酸不溜丢的小话儿就来了，说什么"左相宣威沙漠"，是打硬仗的将军；而"右相驰誉丹青"，美术家协会上来的。

可不管怎么说，委屈也罢，牢骚也罢，阎立本终究是爱画成癖，没这个劲头，他也不可能有那么大成就。

　　前面介绍过他的《步辇图》，现在我们再来看一幅他的名作《历代帝王图》（图3-1）。

　　这是一幅超过5米的长卷，一字排开描绘了唐以前13位帝王的形象。

　　帝王不是一般的创作题材，本身就包含了深厚的历史感和兴亡之叹。

图3-1 ［唐］阎立本《历代帝王图》

　　圣主明君受人景仰，庸主昏君遭人唾弃。当这样的长卷在观者手中一点点拉开又一点点收拢的时候，是非成败纷至沓来、倏忽而去，可谓触目惊心。

　　画面上的北周武帝宇文邕（图3-2）是阎立本的外公，是一位很有作为但不免酷烈的政治强人。画家在处理的时候，就着重突出了他彪悍的武人风度，身子壮、脑袋大、皮肤粗糙、满脸横肉。连鬓络腮

图3-2 《历代帝王图》北周武帝宇文邕　　　　　　图3-3 《历代帝王图》陈文帝陈蒨

胡须根根入肉，显出坚韧的质感。两旁侍从也都低眉顺眼，大气儿不敢出的样子。

　　而同样是有作为的皇帝，南朝的陈文帝陈蒨（图3-3）就风流儒雅得多。画家把他安排在一张坐榻上，信手摆弄一柄如意。头上没有戴比较正式的冠，而是扎着文人雅士中流行的角巾。他皮肤白嫩，眉眼细长，虽然也是连鬓络腮胡须，但与宇文邕不同，线条柔和、飘洒。身后的两位侍女也放松许多，其中一位还随意地扭头张望。

　　三国，是有名的史诗年代，"滚滚长江东逝水，浪花淘尽英雄"。

　　画面上，魏蜀吴的三位当家人都在。

　　魏文帝曹丕（图3-4）文武双全，自幼随父亲曹操南征北战，后来又逼迫汉献帝退位，做成了父亲都没做成的事，是个狠角色，所以气势豪壮，挑衅式的目光咄咄逼人。

吴大帝孙权（图3-5）早年聪明睿智，善于用人。受命于危难之际，却能把江东基业搞得风生水起。人也是一副儒雅模样，面带微笑，挥动着代表足智多谋的羽扇。蜀主刘备（图3-6）知名度最高，传统观念里，他宽仁厚德、讲义气，十分可敬。不过终究实力不济，所以看这位刘皇叔，皱着眉头，似乎有心事，两旁侍从的脸上，也都带着关切和忧伤。

图3-4　《历代帝王图》魏文帝曹丕

图3-5　《历代帝王图》吴主孙权

图3-6　《历代帝王图》蜀主刘备

图3-7 《历代帝王图》陈后主陈叔宝

图3-8 《历代帝王图》隋炀帝杨广

鼎足三分已成梦，后人凭吊空牢骚。

需要特别指出的是画家画《历代帝王图》，始终贯穿着一个理念，那就是拥护统一、反对分裂。历代帝王，形形色色，但只要促成了统一，或者奠定了统一基础的，就值得赞美；相反，亡国之君昏聩无能，导致天下动荡、四分五裂的，就活该被鄙视。

回到画面，我们来看陈朝陈后主与隋炀帝（图3-7、图3-8），这两位标志性的亡国之君。虽然画家并没有刻意丑化，甚至把他们画得白白胖胖。但一对比就会发现，这两个人在帝王群中，非但没有一丝轩昂器宇，反而面容虚浮、目光无神。陈后主举袖掩面，隋炀帝拘谨地抱手，似乎都有担当不住之势。

想当初，几十万隋军打过长江，陈后主居然不信，等真的兵临城下，又全无斗志，对大臣们说：“锋刃之下，未可与争，我自有计。”而他所谓的“计”是带爱妃藏进一口枯井，却很快被隋军发现，拿绳子吊了上来。所以画面上，我们看到陈后主身后只有一位侍从，真真成了孤家寡人。

整幅画设色高古，几乎是红与黑的世界，一如这些帝王引领我们穿越的历史时空，深沉而炽烈。

04

定都长安：国际化大都市的肇始

盛世回响，又见大唐。

在"又见大唐"特展上，有一幅巨大的城市地图（图 4-1）。街道横平竖直、网格交错，看上去好像一盘放大了的棋局，那便是唐朝都城长安。它是世界上第一座人口规模超过百万的城市，也是第一座标准意义上的国际化大都市。

长安城，雄踞于关中大地、渭河岸边，不全是因为唐代出名，在那以前，就很有名了。

曾经有人拿它跟太阳作对比，提了个问题："到底是太阳离我们更近，还是长安离我们更近呢？"是不是很奇怪？

提出这个问题的，是东晋的晋元帝司马睿。

怎么问起来的呢？据说是有人从长安来。晋元帝他们那会儿已经定都在建康了，就是今天的南京。有人自长安来，当然要路过洛阳。长安、

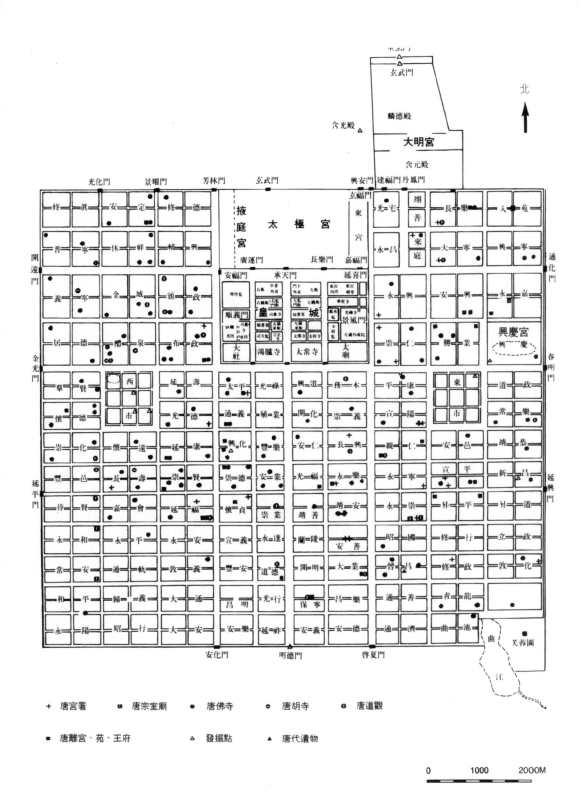

图4-1 唐长安城平面图

洛阳当年可都是西晋故地，晋元帝就向来人打听那边的情况，听着听着，眼泪落下来了。他的儿子，后来的晋明帝司马绍那时候才几岁，小男孩骑在爸爸腿上，觉得很奇怪，就问爸爸为什么哭。他爸爸就给他讲历史，当年咱们司马家怎么在北方发迹，建立政权，后来又怎么五胡入主中原，北方整个儿给打残了，长安、洛阳都丢了，不得已，才渡江跑到建康来。说完，紧跟着问了一句："孩子，依你看，长安远还是太阳远啊？"

这句话从晋元帝司马睿嘴里问出来，实际上包含着丰富的内涵，一方面是感慨故土沦陷，看来自己这辈子是回不去了；另一方面是不是还有种寄托，希望儿子有朝一日能替自己完成北归的愿望。

但不管怎么说，这个问题要答得有水平其实不容易，因为两者完全不是一回事儿，怎么比呢？没想到小小的司马绍回答得很巧妙："当然是太阳远！"

"为什么？"

"因为我只见过有人从长安来，没见过有人从太阳来。"

嗯？晋元帝一听，儿子怎么这么厉害呢？不禁又得意起来。

第二天，宫里办宴会，晋元帝特意把这件事告诉了文武百官，又当着大伙儿的面把情景还原了一下，问儿子："长安远还是太阳远啊？"司马绍这回想都没想，脱口而出："当然是长安远！"

"咦？你怎么换答案了？"

"因为呢，我一抬头就能看到太阳，却看不到长安。"

怎么样？聪明吧！

只可惜，历史没有给司马绍这么聪明一孩子充分施展的机会。司马绍只在位3年，27岁就去世了，北上收复故土的愿望没能实现。最终，要等到300多年以后，隋文帝杨坚从北周手上接过政权，重新统一全国，才又唤起那块古老大地的荣光。

公元 581 年，隋朝建立，一个很现实的问题摆在隋文帝杨坚面前：首都定在哪里？

长安当然是一个选择，但却是一个困难重重的选择。

这块土地作为都城，最大的优势是地理位置，所谓"山川形胜"。

当初刘邦建立汉朝，定都城的时候，因为手底下都是山东人（这个山东指崤山以东，不是今天的山东省），大家纷纷鼓动他把都城定在离东部更近的洛阳。还跟他说武王伐纣以后，国都定的就是洛阳，那地方居天下之中，四面八方的诸侯前来朝贡，路程都差不多，所以最合适不过了。

有个车夫，叫娄敬，当时正穿着破袄在街上拉大车呢，听说了这件事，吭当把车一撂，直接就跑去见刘邦，说："你别犯傻了，周天子那会儿什么形势，你现在什么形势？人家天下归心，所以故意选一块一马平川、无险可守的地方做都城，意思是让子孙后代都警醒着点儿，行德政，不然分分钟完蛋。可人算不如天算，后来政局稍一动荡，各地诸侯就不拿他周天子当盘菜了。陛下你不一样啊，你这江山怎么来的？跟秦朝打、跟项羽打、跟各地不服气想当皇帝的人打，打了多少仗、死了多少人？以为胜出了就了不起了？就一劳永逸、万世太平了？哪有的事！"

"关中什么地方？山环水抱，东西南北都有要塞把守，物产丰富、人也多，有个风吹草动，百万大军随随便便就拉起来了。天下咽喉所在啊，说不要就不要了？"

刘邦一听，动心了，又跑去跟左右商量。这人这点好，决策以前老喜欢商量，充分征求意见。这一商量，大臣们都笑："陛下你信他个鬼！谁说洛阳无险可守？人家东边有成皋山，西边有崤山和渑池，又背靠黄河，面向伊洛二水，怎么就不成了？""这个……"皇上又犹豫了。

关键时刻，还是张良出来点了他一步："陛下，定都可不能光看四周有险没险，还得看这个地方的吞吐量和发展空间。洛阳那一圈说起来也算个屏障，可当间儿地盘不过几百里，怎么能跟关中比呢？况且敌人要打，可以从洛阳的四面同时来打，它地势平坦嘛，不像关中，咱把函谷关那一面顶住了就行，往南还有巴蜀这个大粮仓；往北还有草原作牧场。这叫什么？这叫'金城千里，天府之国'。所以臣觉着，娄敬说得对。"

天府之国后来专指四川了，其实最早指的是关中那块儿。

刘邦一听，醍醐灌顶。当天就下令启程，立马奔长安！饭都给朕打包，路上吃，省得夜长梦多。同时重赏娄敬，说："你还拉什么车啊，你那车也甭要了，就留在我身边。不过我大舌头，刘、娄分不清，干脆你跟我姓，姓刘得了。"从此，娄敬改名刘敬，也因为这条建议，隆重登上了司马迁编撰的《史记》，小人物改变大历史。

真应了那句话，"彼一时，此一时也"。定都长安，刘邦那时候合适，不代表后世子孙都合适。

这不，离唐朝还远，麻烦就来了。

05

追梦长安：国际化大都市的完成

盛世回响，又见大唐。

自从刘邦定都长安，西汉两百多年，政治中心就一直在长安了。直到汉光武帝刘秀建立东汉政权，才把都城迁到洛阳。因为当时长安经历了王莽篡汉，绿林军、赤眉军在关中打来打去，都打乱套了；另外刘秀本人是从今天河北、河南一带发迹的，在当地树大根深。

不过这一迁都，长安也就衰落下来了，虽然还是国家的西京，皇上时不时还要去祭祖，但战争的创伤一直没缓过来。宫殿都给烧了，基础设施都被破坏掉了，物资基本要靠外面调运。

时间很快到了东汉末年。熟读《三国》的朋友都知道，天下大乱，最开始谁得了势呢？是西北军阀董卓。这个赳赳武夫进了洛阳，做的头一件事，是把天子刘辩赶下台，另立了刘协做傀儡，就是后来可怜兮兮的汉献帝。

但是在洛阳，董卓特别没有安全感，老觉着大臣们都不是自己人，整天嘀嘀咕咕不晓得在谋划什么；外面又有各路诸侯揭竿而起，合起伙儿来搞事情。于是他就想了个法子，胁迫天子迁都！咱不在洛阳待了，还回长安去，脱离开你东汉朝廷经营多年的地盘。只要到了长安，把函谷关一封，外面的人进不来，大家还不都得听我的？

如意算盘打得好，可一宣布，从皇上到大臣全都傻眼了。为什么？

长安那还能住吗？早给毁得差不多了，闹饥荒，能跑的全跑了，人都没剩下几个。

可董卓这家伙多横啊，吃了秤砣铁了心，有条件干，没有条件创造条件也要干。不但要干，为了断绝所有人的念想，还下令把洛阳给毁了。你们不是嫌长安没人吗？好办，我把洛阳人全迁过去不就行了？宫殿，烧掉！民房，烧掉！就连先帝的陵墓，我也给它刨了，值钱的全拉走！

这不是胡来吗？如此倒行逆施，结果是长安没能重建起来，洛阳又成了一片焦土。

打那以后，中华大地开始了近400年的大分裂、大乱局，一直到公元581年，隋文帝杨坚才又重新把它统一起来。

这时候再看长安，杨坚不禁一皱眉。

400年了，这座城市已然经历过太多蹂躏和苦难了，虽然其间也有几次重建，可跟西汉那时候比，完全是两码事，规模狭小不说，连供水都成问题。

怎么办？走还是留？要走，也有一个选择，就是到南京去，当时还叫建康，六朝古都。支撑这个决策的一个强有力的理由是，长江航运在国民经济中所起的作用已经越来越重要了。

但是杨坚不想走，不想到南京去。为什么？除了他在北方有根基，还牵涉到中国人一个由来已久的价值观念：兴亡继绝，语出儒家经典《论语》。意思是，使已经灭亡的国家重新振兴起来，使已经断绝的传统再次延续下去。定都长安，就标志着这种理想的回归。从哪儿跌倒，就在哪儿爬起来；汉朝断掉的，隋朝再给它接上。

所以公元582年，即隋文帝开皇二年，杨坚颁布了一道诏书，在距离汉长安城东南13里的龙首原附近，建造一座新的城市——"大兴城"，作为王朝的首都。

一个细节，表现出他"兴亡继绝"的企图心：他要求大兴城的建设完全按照战国文献《考工记》里描述的理想都城的样子来，不要乱搞创新，甚至连风水都不在必须考虑的范畴之内。

6月份下的诏书，7月份就全面开工，隋文帝也是个利索人儿。

不是说当时供水都困难了吗？有办法，基础设施建设包括水利工程。隋朝人相继开凿了龙首渠、永安渠、清明渠，引浐河、交河、潏河的水入城，解决了这个问题。

工程量很大啊，隋文帝没修完，他儿子隋炀帝继续修。到大业九年，也就是公元613年，隋朝眼看着还有几年就灭亡了，可首都工程还是征调了10万民工。

公元617年冬天，一个叫李渊的将领兵临大兴城下，他是来终结这个王朝历史命运的，他所建立的新朝最终被定名为"唐"。

虽然是取而代之，唐高祖李渊和后来的唐太宗李世民还是表现出对前朝的充分尊重，没有破坏，而是全面继承了隋朝的政治遗产。

进入大兴城的第一天，李渊就宣布："封府库，收图籍，禁掳掠。"

一切仿照汉高祖刘邦的做法。当年刘邦初入关中，约法三章，不扰民、有纪律、深得人心。从这件事上，我们能够看出唐朝统治者心里也有一份"兴亡继绝"的责任感，也在向前贤致敬。

所以大兴城非但没有像此前改朝换代那样走向毁灭，反而恢复了"长安"这个历史上更正统、更响亮的名号，并伴随这个蒸蒸日上的东方大帝国走向了一座城市所能达到的巅峰。

梁思成先生在他的《中国建筑史》里，总结了长安城最主要的三个特点。一是功能分区：皇帝的宫殿、官员的衙署、居民的生活区、商业贸易的集市，各有安排，和谐共生；二是棋盘型布局：正南正北，纵是纵、横是横，包括后来的北京也遵循了这个规矩；三是将四面大街所划定的范围设立为坊，每座坊都有独立的坊墙和坊门，还有好听的名字，类似如今的小区。

这些特点，当我们站在辽宁省博物馆"又见大唐"展厅，面对墙上那幅巨大的长安地图时，一目了然。

长相思，在长安。当年，它是所有人的梦想之城、信仰之都。

在这儿我能感觉到我的存在，在这儿有太多让我眷恋的东西。

长安，长安。

06

一场与春天的约会：《虢国夫人游春图》

盛世回响，又见大唐。

一幅画，画在纸上或者绢上，100年过去、500年过去、1000年过去，画它的人早就不在了，收藏过、把玩过、惦记过它的人也早就不在了；可它还在，在博物馆的玻璃柜里，就那样躺着，舒舒展展、坦坦荡荡。你以为是你在看它？不，是它在看你，看一代代过客匆匆地来了、走了，创造了历史，也融入了历史。

在辽宁省博物馆"又见大唐"特展上，《虢国夫人游春图》（图6-1）就是这么一幅画。

它太有名了，即便您从没来过辽博，也认不出那第一个奇形怪状的字，但也一定见过它！在课本上，在画册上，在做成文创产品的包包上，在某个竖着的景区的巨型广告牌上。

一队人马，青春洋溢，车骑雍容，光彩照人而来，风姿绰约而去。

这就是唐朝，我们至今还看得见、摸得着、感受得到的大唐。

画名里那个难认的"虢"字，是个非常古老的字眼，商代甲骨文里就有。武王伐纣以后分封天下，把自己的两个叔叔，一个封在东虢，今天的河南荥阳一带；一个封在西虢，今天的陕西宝鸡一带。两个"虢"都不大，灭亡得也早，只在历史上留下个"假途灭虢、唇亡齿寒"的教训，供人记取。

叫"虢国夫人"，其实就是跟那俩小国借了个名字，别的八竿子打不着，不是真让她去荥阳或者宝鸡上班，而是重在后面"国夫人"三个字所体现的政治待遇上。

什么待遇呢？举三个例子您就知道厉害了。

第一，出入皇帝居住的内宫非常方便，大清早骑着马就进来了，不管皇上起床没起床。

第二，每年公家发的"脂粉之资"（相当于化妆费）有1000贯！1000贯是多少？根据当时大米的价格换算，大概相当于今天的100万元人民币。请注意，那年月可没什么微整形、玻尿酸之类的，这100万实打实就是涂脂抹粉的钱。

第三，豪宅。有多豪呢？站在长安城的最高处俯瞰，除了皇帝家，首都最好的地段、最阔的宅子一定是人家的。

据记载，前朝的老宰相、曾经大唐政坛的一代风云人物韦嗣立去世，留下一所好宅院，被这虢国夫人相中。一天，老宰相的家人正在睡午觉，突然看到门口停了一乘豪华的步辇，一位身穿黄罗衫的贵妇人从上面走下来，从从容容地步入庭院，身边还围着几十个侍女丫鬟，有说有笑。仔细一瞅，认得，这不是虢国夫人吗？她怎么跑这儿来了？韦家人不敢怠慢，赶紧迎出来。只见这位俊俏的少妇左看看右看看，少许，轻启朱唇问道：“这宅子……卖多少钱呐？”韦家人听了吓一大跳，赶紧回话：“哎哟喂，夫人有所不知，这宅子乃是我家先人传下来的，从没想过卖呀。”结果话音未落，几百个工人潮水般地涌进来，拆墙的拆墙、掀瓦的掀瓦，已经开始结构改造了。

听到这儿，恐怕有人要问：这虢国夫人何方神圣？她凭什么？

说来很简单，她是当时集万千宠爱于一身的杨贵妃的姐姐。而且跟妹妹一样国色天香，更兼有胜过妹妹的一股子风流狐媚劲儿。所以对于步入晚年、耽于享乐的唐玄宗李隆基来说，故事可想而知。

白居易那首《长恨歌》，怎么说来着？“姊妹弟兄皆列土，可怜光彩生门户。遂令天下父母心，不重生男重生女。”

贵妃的大姐被封韩国夫人，三姐被封虢国夫人，八姐被封秦国夫人，再加上杨国忠那样的宰相兄弟，老杨家呼风唤雨，天底下就没有人家摆不平的事情。

所以说回到这幅画上，“虢国夫人游春”，您可以先闭上眼睛想象一下，那该是怎样一番热闹？怎样一番排场？怎样一番姹紫嫣红，天下之事不过尔尔；怎样一番浓墨重彩，世上繁华究竟何如？

这幅画给我的第一印象，是画家真敢用色！桃红、嫩绿、深青、鹅黄、乌黑，这么多鲜亮的色彩毫不掩饰、扑面而来，一开始就给我造成了强烈的视觉冲击。而且，这还是在赭色的绢底已经对色彩有所消解的基础上，否则更不知是怎样一派花团锦簇了。

绢面比较长，画家的一个大功夫表现在布局上，怎么排布这九个人、八匹马，使节奏流动起来，不呆板。

策略是什么？“前松后紧、前徐后急”，就像演奏交响乐，先是平静

地引入，再逐渐推向高潮。

第一段，一个头戴乌纱帽，身穿青色窄袖圆领衫的人骑着一匹高头大马，一马当先。打扮当然是男装了，不过仔细看，马鞍和障泥可是红色的，还绣有一对儿鸳鸯。本人也生得眉清目秀，鬓角线条和乌纱下露出的美人尖，都暗示她的女子身份。女扮男装，是当时的贵族风尚，类似咱们今天，有人走英姿飒爽的中性路线。

第二段，是错开行进的两骑。

稍稍靠前的是位妙龄少女。乌黑的头发左右分开，垂下两个长长的发髻，一袭胭脂红的窄袖衫非常惹眼，再配上漂亮的马鞍和障泥，令人

图6-1　[唐] 张萱《虢国夫人游春图》

想起歌德的诗句："哪个少年不善钟情？哪个少女不善怀春？"

　稍后一些的，色彩上恰成对比。一匹通体黝黑的大马，只在马的面部和四蹄处用白粉提亮，分外精神。骑在马背上的，应该也是一位男装出行的女官。

　经过这两段疏朗的构图做引导，整幅画的主体部分终于出现了。五匹马，六个人，簇拥在一块儿。

　前排并辔而行的两位贵妇，体态雍容，一般被认为是全画的中心。

　两个人都梳着在咱们今天看来比较奇怪的发型，歪在一边垂下来，这叫"坠马髻"，汉朝的时候就有，据说是模拟美人坠马的一瞬间，发髻松垂的样子。

俩人骑的都是浅黄色的骏马，不过服装颜色刚好相反，一位青衣红裙，一位红衣青裙。姿态也有区别，近处这位双手扶着缰绳、目光平视；另一位则在马上侧身，望向后方，并且下意识地收紧马缰，拽得马头也跟着转过来。这些生动的细节，造成了构图的丰富性。

顺着她的目光，我们的眼睛自然也看向最后一排。

最后居中这匹马，驮着两个人。年长的一手持缰，一手护着肥嘟嘟的小女孩儿，两旁各有侍从。许多人乍一看，还以为她就是虢国夫人呢。其实不然，首先年龄偏大了，其次神情也拘谨，注意力全放在小女孩儿身上，应该是一位保姆。

那么问题来了，虢国夫人在哪儿？谁才是真正的虢国夫人呢？

这个最基本的问题，本应该最容易回答的。可是我要坦诚地告诉您，我还真是不能确定。不光我不能确定，眼下，谁都不能百分百确定。学术界对这个问题，进行过大量的研究考证，也就聚焦在那么几个人身上，可要必然地、排他性地指向唯一，话还真不好这么说。

比如傅抱石先生就模棱两可地认为，画幅中段，"那第四、第五两骑之一应是虢国夫人"。

不过也有学者认为，着男装、一马当先的那位才是。因为唐朝，马是分等级、分规格的，最高等级、最高规格的马，只有皇家才能用。那是什么马？是把鬃毛修剪成像城墙垛子那样分瓣的"三花马"。画里这样的马只有两匹，保姆带孩子骑一匹，金枝玉叶嘛，可以理解；当先这位也骑着一匹，要说身份不是最尊贵的，就不可理解了。

现在，我要请您看一眼画面右上角的题字："天水摹张萱虢国夫人游春图"。

懂书法的朋友一看就知道，这是宋徽宗的瘦金体。不过不是徽宗本人写的，是比他晚个七八十年，同样酷爱瘦金体的金朝皇帝完颜璟写的。

咱们如今知道这幅画叫《虢国夫人游春图》，画家叫张萱，就是打这儿来的。但是，交代得也很清楚，这已经不是张萱原来那幅了，而是"天水"临摹的。那位说"天水"不是个地名吗？在甘肃省？没错！宋朝皇帝姓赵，据说"赵"姓最早就是从甘肃天水发源的，所以天水也就成了宋朝皇帝的"郡望"，这里用来指代宋徽宗赵佶。换句话说，咱们眼前看到的这幅画，是宋徽宗本人或者当时的宫廷画师照着唐代张萱的原作临摹下来的。也得亏临摹了，张萱原作消失在历史的尘埃之中，没有传下来，而画上的形象、气韵借助宋人惟妙惟肖的临摹，才留到了今天。

说起来也是可怜啊，画家苦心经营一幅佳作，再宝贝，随随便便一场战争、一次失窃、一把火、一场水，抑或一番颠沛流离、一回所托非人，没了也就没了。

北宋画家摹写《虢国夫人游春图》的时候，皇宫内府里还能找出张萱的47幅原作，千年过去，居然全部散佚了。只有《虢国夫人游春图》和《捣练图》以摹本的形式分别珍藏于辽宁省博物馆和美国波士顿美术博物馆，引领我们无问西东、梦回大唐。

画家张萱的生平，今天也知之甚少了，只知道他是京兆人，相当于今天的陕西西安人。在武则天时代就已经崭露头角，唐玄宗杨贵妃的时代还活跃着。

北宋《宣和画谱》里补充了一个细节，蛮有意思——他很擅长画婴儿。

一般认为，婴儿、童子这类题材到南宋初年的苏汉臣才真正成熟起来，没想到早在唐代，张萱就已经先声夺人了。

在《宣和画谱》编撰者看来，婴儿很难画，能在画上把岁数和相应的面貌都对得上，需要有极强的写实能力。许多画家都栽在两个毛病上：画出的婴儿要么"身小貌壮"，要么"类似妇人"。只有张萱能跳出陷阱，技高一筹。这说明什么？说明张萱很善于观察，善于把握生动的细节，也善于从整体上营造观感。

这些特点在《虢国夫人游春图》里表现得也很充分。

比如，咱们怎么知道这幅画是"游春图"？春在哪里？

画面没有背景，没有草树烟花，也没有莺歌燕舞，凭什么认为它是春天呢？

原来，画家是让咱们从人物的装束和神情，以及马的安闲容与的步态，自然产生春天的联想。

这个不简单啊，不是说把衣服统一画成春装就可以了，而是要在符合春季时令的节律中表现出一种安然和慵懒的调性，并且这种调性还不能是草根的，而是属于虢国夫人这种顶级贵族的百无聊赖的安然和华丽舒卷的慵懒。

他是把春天、春光、春意，融进了人物和马匹的骨子里。

另外，从前代留下的张萱作品目录看，他似乎跟宫廷、跟杨家人走得很近，保持着相当程度的熟悉。比如他画过《明皇纳凉图》《明皇斗鸡射鸟图》《明皇击梧桐图》，还画过直接取材于杨贵妃的《太真教鹦鹉图》，等等。光虢国夫人这个主题，他就画过《虢国夫人游春图》、《虢国夫人踏青图》和《虢国夫人夜游图》。所以我们有理由推断，他当年不是宫廷侍从就是贵胄子弟，总之，生活圈子摆在那里。

历史上，虢国夫人如此与众不同，不但是张萱的画笔，也是许多文人的诗笔所追逐的绝佳对象。

其中两首代表性的诗作很有名。

第一首是《丽人行》。

唐玄宗天宝十二载（753）的上巳节，三月三日早春天气，大诗人杜甫与包括虢国夫人在内的杨家兄妹有过一次邂逅。老杜当时四十出头，郁郁不得志，蛰居长安好几年了，耳闻目睹的一些事情，让他忧心忡忡。所以看到前呼后拥、不可一世的杨家兄妹，他本能地觉得扎眼。不过漂亮的终究是漂亮的，他的注意力被牢牢吸引，观察得很仔细。从青春丽人"态浓意远淑且真，肌理细腻骨肉匀"的整体风貌，到她们穿的、戴的、吃的、用的，样样不凡，读了令我几次想到曹雪芹笔下的元妃省亲之盛。

另一首是中唐诗人张祜的《集灵台》其二："虢国夫人承主恩，平明骑马入宫门。却嫌脂粉污颜色，淡扫蛾眉朝至尊。"后两句是千古名句，表现出一种高度自信。脂粉明明是妆点、衬托颜色的，虢国夫人却嫌它污损、掩盖了自己的颜色，让自己原本的天姿国色不能充分表现出来，所以干脆"裸妆"，淡扫蛾眉，真可惜了每年发下来的千贯脂粉钱。

不过这个潇洒的举动，也令后世文人生出无限遐想。

清代学者黄生就说过："真正美人，自不烦脂粉。"不需要浓妆艳抹，用不着刻意修饰！"真正才士，自不买声名"，不需要沽名钓誉，用不着人抬轿子！"真正文章，自不假枝叶"，不需要枝枝蔓蔓，用不着故弄玄虚！

由此观之，虢国夫人，是真正美人；画家张萱，是真正才子；《虢国夫人游春图》删繁就简、以形写神，亦当得起真正佳作！

乃之之不能也言家柱他言好學乃搖坐主順學二王出不家上止福告

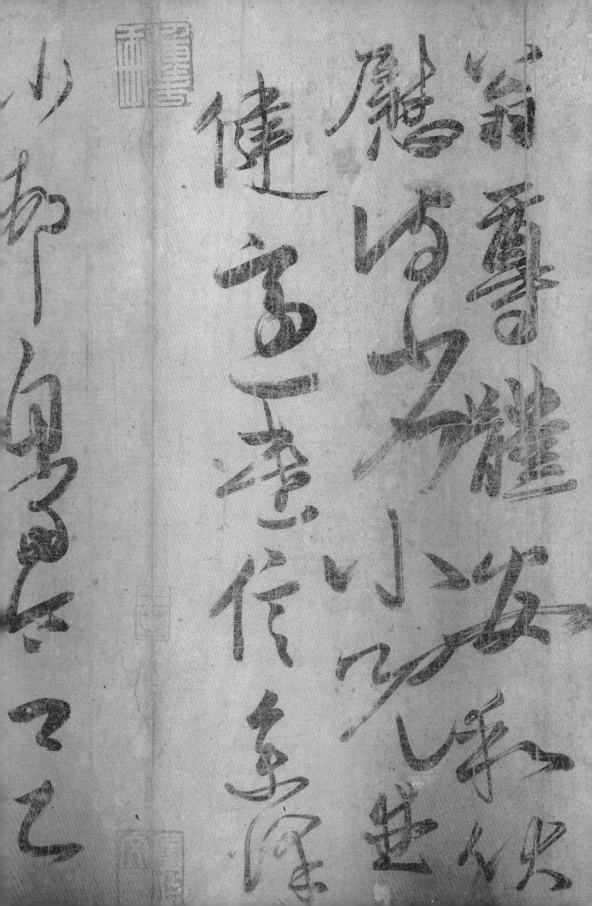

07

世界上最出名的五头牛

盛世回响，又见大唐。

画什么最容易？画什么最难？假如有人提出这样的问题，您该如何回答？

我想，一个战国或者秦汉人的答案也许是：画鬼怪最容易，画狗啊马啊的最难，因为犬马司空见惯，人们一眼就能看出像不像；而鬼怪无形，随你发挥。这个回答不是我瞎编的，它记载在《韩非子》里面。

但假如提问的是一位宋朝人，他的答案也许就变了：犬马有什么难画的？形似最容易，真正难得的是笔法中的个性与神韵。这个回答也不是我瞎编的，苏东坡说过更过分的话："论画以形似，见与儿童邻。"讨论像不像？属于娃娃的认知水平。

再往后，答案恐怕就沿着宋人的路线一边倒了。后世的山水画家，有时会把不同季节的景象纳入同一幅画作；倪瓒用很干的毛笔擦出细瘦的树木，故意减少枝叶，来表现胸中的萧寒（图7-1）；八大山人画鱼画鸟，

图7-1　[元] 倪瓒《六君子图》　　　　　图7-2　[清] 八大山人《花鸟册》之一

经常添上人的表情，向世界翻出一个孤傲的白眼（图7-2）。

好，现在让我们把这个问题提给唐人，透过一幅名画来看一看唐人的回答。

这大概是全世界知名度最高的五头牛了，如果非要再加上一头，我就只能想到纽约的华尔街铜牛了。

　　与华尔街铜牛暗合商业牛市的寓意完全不同,韩滉《五牛图》(图7-3)上的五头牛是地地道道中国农耕文明的代表,原型就来自韩滉的故乡——关中平原上至今常见的秦川牛。它们勤劳、忠厚、隐忍、驯服,数千年来,与黄河流域拥有同样品行的农夫相依相伴,一犁一犁开出了农业王朝的丰稔与辉煌。

　　与前面讲过的阎立本一样,韩滉拥有高度写实的功底,这从画面上可以直观感受得到。

　　五头牛,从右向左,依次入画,除了简练的一丛荆棘,没有任何背景衬托。

　　第一头牛颜色棕黄,低着头,伸着脖子,正在吃草。它很会享受,一边津津有味地吃,一边拿肥硕的身躯往荆棘丛上蹭痒痒,眼神迷离,非常惬意。

　　第二头牛黑白相间,昂首阔步,连犄角都骄傲地高高翘起。牛尾巴顺势一甩,甩出了画家的笔力,"S"形线条看似随意,却有力道。

　　第三头牛角度独特,正面朝向观者。它睁圆了眼,张大了嘴,似乎正发出哞哞的叫声。画家掌握了相当高的透视技巧,将牛的臀部堆叠如山,显出身体的纵深,也显出筋骨的结构。

　　第四头牛比较调皮,它走着走着放慢脚步,回头张望。嘴里吐着半

图7-3 [唐] 韩滉《五牛图》

截舌头，脸上也露出滑稽的表情，好像在对身后的同伴喊："咋还不快走？你瞅啥？"

这四头牛看上去都很快乐，可是第五头，也就是最后一头牛却有点儿不开心的样子。

那是一头深黄色的、眼神倔强的牛，四肢、肩胛尤为粗壮，牛角也好斗似的冲向前方。仔细看，原来鼻子被人装上了鼻环和笼头，行动不自由了。怪不得它脚步凝重，表情也郁郁寡欢。

有人说，这最后一头牛画的就是韩滉他自己，韩家兄弟五个，只有他步步高升，一路做到了宰相。日理万机，又不得不小心谨慎，就像被穿了鼻环的老牛，身不由己。

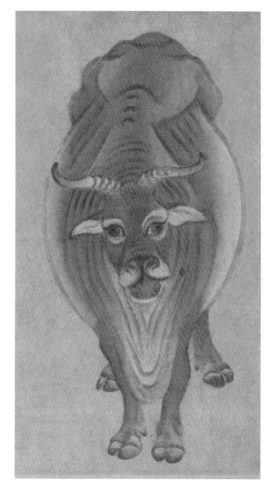

图7-4 《五牛图》（局部）

因为缺少确切的史料，这种说法也不知道对不对。不过南宋的陆游看了韩滉的这幅作品，的确有这方面的感触，产生过辞官的念头。

《五牛图》之所以出名，是有原因的。

首先，在于韩滉驾驭线条的能力。他用淡着墨的枯笔，扫出一种粗厚、滞涩的线条，让牛的造型具备了安稳、重拙的风格。同时，这种线条又灵活多变，根据肌肉、骨骼、皮肤的位置关系自然转换。

其次，细节上极尽变化之能事。比如这头居中的青牛（图7-4），造型角度绝无仅有。以两腿正中、眉心到脊椎的连接线衡量，左右是对称的，但是对称之中又包含着不对称的微妙变化：牛的头部略微转动了一点；鼻尖到尾椎的中线有了一点弧度；左肚儿比右肚儿白色要多；两只前蹄偏右，左后蹄却更向外一些。

这些细节的用心，确保了五头牛作为整体，多样统一，作为个体，活灵活现。

另有一点人们容易忽略的因素：这是一幅画在纸上而非绢上的作品。纸的吸水性更强，可以更好地发挥出平涂晕染的效果，使色彩富于更细腻的变化，这样，牛的立体感就出来了。

现在，让我们回到开头的问题：惟妙惟肖的形似，充满个性的神韵，哪个更重要？透过《五牛图》，我想唐人的答案已经不言而喻了，那就是高度的写实，与建立在物象真实状貌上的高度的精神还原。正如同时代的大诗人白居易所说："画无常工，以似为工；学无常师，以真为师。"

一张纸，历经1200多年的岁月流转，至今犹存，不能不说是一种奇迹。咱们今天去博物馆参观，除了流连于画面本身之外，也应该仔细读一读后面长长的拖尾。每一代收藏家的心血，构筑起民族文化幸运而伟大的传承。

这里，要特别向已故的周恩来总理致敬！

晚清风雨飘摇，《五牛图》从宫廷流出，不知所踪。20世纪50年代，一位香港爱国人士写信给周总理，透露了国宝将在香港拍卖的消息。周总理立即作出批示，争分夺秒派专家赴港，一旦确认真迹，务必购回。当时卖家开价10万港币，这对于百废待兴的新中国来说，无疑是笔巨款。但周总理还是坚持特事特办，决不能让国宝流失海外。经过一番细致的工作，卖家——香港汇丰银行的吴蘅孙先生也深为民族大义感动，毅然撤拍，折价6万港币，促成了这件大唐珍品回归故宫。

今天，我们隔着玻璃，望向五牛的一眼，背后，竟是许多爱国者千年呵护的良缘。

08

《捣练图》的女性世界

盛世回响，又见大唐。

除了《虢国夫人游春图》，唐代大画家张萱还画过一幅《捣练图》，表现当时贵族女性的劳动场面，同类的作品目前还没有见到，所以这幅画就值得好好讲一讲。

我想大多数朋友是从唐诗中知道"捣练"或者"捣衣"这个词的。比如李白"长安一片月，万户捣衣声。秋风吹不尽，总是玉关情"，《春江花月夜》里"玉户帘中卷不去，捣衣砧上拂还来"。

中国古代纺织多用丝料和麻料，丝料是经由缫丝从蚕茧中抽取的生丝，麻料是从麻类植物中提取的植物纤维，这些都含有胶质，需要进行脱胶才能转入下一步纺织操作。最早人们是利用水的溶解性，把原料浸泡在水里进行自然脱胶，后来逐渐采用煮练的方法替代，即在水中添加石灰、草木灰等碱性物质，加热进行脱胶处理。胶质本身是酸性的，跟碱性溶液接触会发生化学反应。为了加快反应速度，古人还一边煮，一边用木杵不断地敲击原料，这个过程，便叫作"捣练"。

《捣练图》（图8-1）最右边这一段，描绘的就是这个场景。四位贵族仕女，手里拿着木杵，正围着一个装满丝料的大槽捣练。为什么说是贵族仕女呢？因为她们面如满月、体型丰腴、非常富态，每个人身上都穿着华丽的、色彩鲜艳的衣物。

四个人围成一圈儿干活，动作上很容易陷入单调。张萱是唐代绘画中经营位置的大师，类似我们今天讲的绘画布局，他肯定不会容忍这种情况发生。在他的安排下，四位仕女呈现出不同的工作节奏：两个人弯腰执杵、下捣正忙；一人握杵稍事休息；另有一人最为生动，把杵拄在地上，撸胳膊挽袖子，抓紧时间调整一下状态，准备投入再战。

四个人的角度也十分讲究，从正面朝向我们的这张完整的脸，到上方持杵者露出大半的倾斜的脸，到与她相对的女子的侧脸，再到背对我们、完全看不到的脸，刚好经历了一个类似月亮从圆到缺的变化，跟不同的身姿动作相呼应，组合成一种丰富的、层次分明的空间关系。

这个"捣练"的段落是制作衣物的第一道工序，紧挨着它的"缝纫"的段落则是制作衣物的最后一道工序，也是最能体现工艺水平的工序，行话讲"三分裁，七分做"。

正面凳子上这位，就是绣娘。她低着头，注意力全放在手里的绣活上，神情是那样娴雅、那样安静。她自己的衣裙就很漂亮，桃红柳绿，绣着细密的纹饰。与她相对，坐在一块青绿色团花地毯上的，是一位专心理丝的贵妇，屏息凝神，手上的动作显得熟练又舒展。

从她们俩身上，我们也能看出张萱运用线条之妙。简练柔韧的线条依循着人体结构、坐姿和衣裙的相应变化，自然流畅。

　　绣娘身后，还有一位烧火丫鬟，请注意她的发型，在古代，就叫"丫鬟"。具体的梳法是把头发分成两股，左右各一股，像个汉字里的"丫"字，然后分别挽成空心的发环，朝两个肩膀垂下去，这是未出嫁的少女才会有的发型。她蹲在地上，用手中的扇子扇一只硕大的炭火炉，保证里面的木炭始终燃烧。画家画得很细，通过动作表现她的情绪感受。像这位少女，一手扇扇，一手拿袖子挡住脸，看上去像是不堪炭火的炽热。神情也在发呆，手上在动，注意力却已经分散掉了。

　　由炭火自然带出了第三段画面："熨烫"，也就是把捣好的素练熨烫平整。按成衣顺序，这一段应该在三段中间，先捣练，再熨烫，最后缝纫，才是顺的。之所以出现颠倒，很大可能是因为构图的需要。

　　两端各有四位站立的、环绕的女性，中间三人，两个坐，一个蹲，这样视觉上就会呈现出"M"形起伏，在连续性场景中制造了韵律。此外，最左端拉练的仕女与最右端持杵的仕女，身姿、面向刚好呼应，使较长

的画面也有善始善终的完整感。

　　这段"熨烫"，以长长的白练为中心，两位贵妇人正尽力将捣好的白练拉平。一位丫鬟背对着我们，帮忙拾掇，保持平展。另一位仕女则手持烫斗，小心翼翼地熨烫。有趣的是，大人们都忙着，可一位天真烂漫的小女孩才不管这些，在白练底下钻来钻去、嬉戏玩闹。

　　一左一右尽力拉练的贵妇，造型十分生动、真实。我们的确感觉到她们俩的肩膀在用力，同时把身体的重量也加上了，不由自主地向后仰。类似的画法在前面讲过的《步辇图》（图8-2）里也出现过。

　　唐太宗身边有两位持扇宫女，两柄硕大的羽扇想来分量不轻。这两位宫女的左右手间隔很远，形成杠杆，身体各自向后方倾斜，一个重心在右脚上，一个重心在左脚上，保持着受力的相对平衡。这说明什么？说明无论是阎立本还是张萱，都有对生活非常细腻的观察体验，以及十分出色的写实造型能力。

图8-2 [唐] 阎立本《步辇图》（局部）

从内容上看，《捣练图》虽然描绘的是劳动，却一点也看不到辛苦繁重，相反，充满了欢快、活跃、情趣盎然的调子。从流动叙事的画面中，仿佛传来了木杵的砰砰声、孩子的嬉笑声、彼此的清谈声以及炭火燃烧的噼里啪啦声。

整幅画的设色，我甚至觉得比《虢国夫人游春图》还好，富丽、匀净、有味。

电视剧《延禧攻略》热播，许多人在网上讨论"莫兰迪色"。乔治·莫兰迪，是20世纪意大利著名画家，他精于运用饱和度低、看上去更安静舒适的颜色。很多彩，但并非浓艳；很雅致，但同时奢华。我想，1000多年以前的唐人张萱，就已经做到了。

09

《阙楼仪仗图》的历史信息

盛世回响，又见大唐。

辽宁省博物馆的"又见大唐"特展，展出了一幅巨大的壁画。上面楼阁高峻、仗甲鲜明、大旗猎猎、车马纷纷，一下子就会把我们带入那个雄强盛壮的时代。

这幅名为《阙楼仪仗图》（图9-1）的壁画，发现于唐朝懿德太子李重润的墓。于公元706年绘制，是现存时间比较明确的唐早期壁画。

壁画场面之宏伟、人物之纷繁，在唐墓壁画中实属罕见。更令人惊叹的是，虽然元素众多、结构复杂，整幅画的布局却井然有序、疏密得当，色彩艳而不俗、比例贴合实际。千载之后，仍然符合现代人的审美，令人一眼难忘。

这位懿德太子，历史上名气并不大，因为他才19岁就去世了，还没有机会建功立业、崭露头角。

说起来，人生的幸与不幸，福祸相依。他当年可是含着金汤匙出生的，家人、亲属，个儿顶个儿都了不起。曾祖父是唐太宗；祖父是唐高宗；祖母武则天更是历史上绝无仅有的女皇帝；父亲李显，20多年里先后做过两次皇帝，中间被废过一次，后来翻盘再次成为皇帝；叔叔李旦也做过皇帝；堂弟李隆基就更别提了，乃是大名鼎鼎的唐玄宗，有唐一代，在位时间最久的皇帝。所以您看这位李重润，是真真正正生在"帝王家"！可如今咱们还会提起他一二，却与他本人的功绩几乎毫无关系，而是多拜这幅《阙楼仪仗图》所赐。

这幅图描绘了太子参与大朝的威风和排场。所谓"大朝"，就是每年正月，由朝廷举办的规格最高的礼仪活动，天下诸侯、文武百官都要参加。作为接班人的太子，这一天也要摆出全副仪仗，隆重出席。

整幅画面非常开阔，以山为背景，画了城墙、阙楼和即将出城的仪仗队。仪仗队的规模相当庞大，能数出来的就有196个人，人人表情肃穆，依照职能的不同，被分成了步行仪仗、骑马仪仗和车队三个部分，排列得井井有条。

这些卫士全都戴着幞头，身穿圆领长袍，腰间佩着箭囊。在他们身后的三辆豪华车驾前，还并排站立着十几名侍臣，手中高举遮阳挡风的伞扇。这几辆车名叫辂车，是太子专属的交通工具。辂车前面有两柄伞、两柄圆扇和两柄长方扇，都是为太子大朝助威的仪仗，众多仪仗拱卫着太子的车辇。

出行场面如此之盛大，可谓气派之至，不过真实历史中的李重润，根本没有机会享用这样的辂车，也没有被这样的仪仗队簇拥过。"不幸生在帝王家"，这句话全落在李重润身上，他一生的经历听了让人心酸。

李重润两岁时，武则天废了他父亲唐中宗李显的皇位，贬为庐陵王，事实上给幽禁起来了。同时，也连带着把他的太子位废掉，贬为庶民，

图9-1 唐懿德太子墓壁画《阙楼仪仗图》

图9-2 大唐芙蓉园 三出阙大门

派人看管起来。一直等到14年之后，武则天自己做皇帝了，重新把李显接回来做太子，才给李重润解除看管，封了个邵王。其实这回封了还不如不封呢，好日子没过几天，就被人举报，说是李重润和他妹妹——永泰郡主李仙蕙，还有妹夫武延基私下嚼舌头，议论当时武则天最得宠的两个男宠：张易之和张昌宗兄弟，说这兄弟俩红得莫名其妙，也不知何德何能，整天出入内宫。

这话犯了大忌讳，武则天一听就怒了。尽管是自己的亲孙子、亲孙女，武延基还是她老武家的人，统统不顾，直接下令杖毙！就这样，年仅19岁的李重润人生刚开了头，就煞了尾，成为封建王朝权力倾轧的牺牲品。

那么李重润的父亲呢？他不是太子吗？这会儿怎么不说话了？唉，四个字：爱莫能助。要多一句嘴，连他一起收拾！也许正是因为这个缘故，这位老父亲心中埋藏着深深的愧疚，登基以后，追封李重润为懿德太子，而且"号墓为陵"，把这位武则天时代的罪人的墓，升格成了只有天子才配享有的陵！种种规制，都按照皇帝礼仪来办，权当一种补偿和安慰吧。

升过级的待遇，在《阙楼仪仗图》中比比皆是。

例如里面高大的阙楼，名为"三出阙"，就是属于皇帝专用的；太子，只能用"二出阙"。

"阙"是古代的一种标志性建筑，竖立在宫殿、陵墓两边。样子有点像城门楼，楼底有台基，包着砖；在台基上建独立的楼阁，有廊柱，有大屋顶，只不过没有城墙。

所谓"三出阙"就是三座这样的楼，按大号、中号、小号，依次退一步，拼插在一起。屋顶套屋顶，屋身套屋身，基座套基座，看上去层层叠叠的，飞檐回廊、曲折曼妙。

这种建筑形制后来失传了，人们只能在史书里查到，具体什么样，谁都没见过。一直等到懿德太子墓重见天日，考古人员发现了这幅壁画，才恍然大悟。

唐人气魄大，图中的阙楼在实际建筑中，高达60多米，相当于现在的20层楼。站在那么高的阙楼脚下往上看，恐怕连帽子都要掉下来。骆宾王在他的《帝京篇》里说得好："山河千里国，城阙九重门。不睹皇居壮，安知天子尊。"要是人登到楼顶，远眺四周苍苍莽莽，一派大好河山，肯定会豪情顿生、气冲霄汉；而要是俯瞰楼前的广场，遍立不远万里前来朝贡的外番使节，那感觉又是何等的恢弘盛壮！仿佛乾坤已定，天下事尽在掌握！

也许有朋友会问，为什么叫"阙楼"呢？"阙"在这里什么意思啊？古书上给过一个解释，这个"阙"，通的就是"缺点"的"缺"。楼建得高大，人从底下经过，一看，赶紧反省自己有什么缺点没有？还有哪些做得不到位的地方？相当于一个巨大的提示，提示每个人"三省吾身"。

中国传统绘画中，大型壁画并不多见，一般都是画在寺院、道观，题材多为神仙鬼怪、罗汉菩萨。人物造型夸张，大人物被画得非常大，小人物被画得特别小，有时看上去很滑稽。像《阙楼仪仗图》这样高度写实的作品，实属罕见。而且画中人的衣冠配饰都是当时真正的样子，将近两百个人物，高矮不同、神情各异，一个个似乎都是有名有姓的血肉之躯，呼之欲出。

画法上也比较独特。画师在界尺的帮助下，起稿绘出楼阁，被称为"界画"。到唐代，已经有现代画法中的透视学了，像《阙楼仪仗图》，不光画出了建筑的外观结构，连内部每一个构件的交接点，都被描绘出来，这为后人研究唐代建筑史提供了重要的参考资料。

正是依据这幅画，建筑学大师梁思成的女弟子、中国工程院院士张锦秋先生，复原设计出了西安大唐芙蓉园的标志性建筑——三出阙大门（图9-2）。人们今天去西安旅游，从大雁塔南广场一路向东就能看到，巍巍三出阙，拔地而起、雕梁画栋，充满了东方建筑美学和盛唐宫殿气象。

我想，这份功劳，也应该算几分给命运多舛的懿德太子李重润吧。

10

唐人的山水雅趣

盛世回响，又见大唐。

孔子讲："智者乐水，仁者乐山。"山，博大坚定、包容万物，就像仁者的胸怀；水，无孔不入、自由澄澈，就像智者的头脑。

所以传统中国人的心灵世界总需要山的濡养、水的浸润。

天地有大美而不言，一切道理、规律、法则和因应的智慧，都在山水的春秋代序、呼吸吐纳之间自然流转，等你来寻，由你去悟。

因此中国的山水田园诗派特别发达，人们在王维、孟浩然的诗句中放空自我，体会到深层次的境界。古代书院也往往爱建在山清水秀的地方，藏之名山、纳于大麓，无须先生饶舌，学子们自然有灵性、接地气。

不过美术史上，山水画的成熟倒是比较晚的事，直到隋朝展子虔所绘的《游春图》才算。此前作为一个画种，山水还不能独立，只在人物画里作为陪衬出现。画家画得也不讲究，即便如顾恺之《洛神赋图》这样的名作，主人公都被处理得比山还高；水也是象征性的，缺少流动感。

"又见大唐"特展上，有一幅《海天落照图》（图 10-1），虽为明代

画师仿唐人作，但是落笔不俗，表现出一些早期山水画的特点。

早期基本都是这样的"青绿山水"或者"金碧山水"。用很浓艳的石青、石绿来染色，有时为了突出重点，还要勾以金粉，迥然有别于文人画兴起之后以水墨为材料的创作。

乍一看，这幅画有没有像《千里江山图》的一部分呢？

的确，它们都属于青绿山水，只不过到北宋王希孟的时代，吸纳了文人画的经验，技法上更成熟了。

这是一幅长卷，描绘夕阳西下、海水中山峦岛屿的景象。视野极为开阔，天际线一抹灿烂的红霞低垂。远山如梦似幻，近山陡峭峥嵘，山海之间，波浪跳动、帆影飘摇。美丽的殿宇楼阁展露出华丽工致的身影，似人间，又似仙境。不禁让我想起《长恨歌》的最后，临邛道士为解帝王相思，终于寻到了贵妃魂魄的处所："忽闻海上有仙山，山在虚无缥缈间。楼阁玲珑五云起，其中绰约多仙子。"

这幅画所托名的画家李思训，是唐代了不起的人物，有"国朝山水

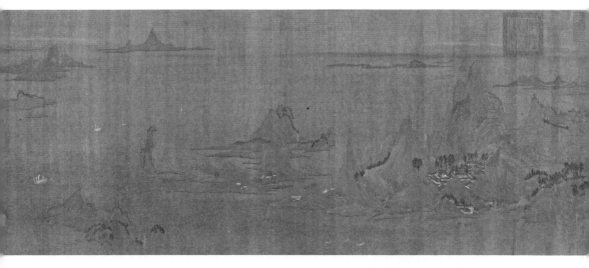

图10-1 [唐] 李思训《海天落照图》（传）

第一"的美誉。唐玄宗说晚上睡觉，能听到从他画上传来的水声，赞叹此人真乃"通神之佳手"。

李思训是李唐宗室，出身高贵，论辈分是唐太宗李世民的侄子。武则天当政，杀戮宗室旧臣，李思训见势不妙，弃官躲藏。唐中宗即位，左看右看，李氏宗亲已然所剩无几，就又把他请回来直接授予高位，一度升任左羽林大将军、右武卫大将军。所以画史上提到他，都尊称一句"大李将军"。后来他的儿子李昭道也成为著名画家，虽然官做得没有父亲大，但人们还是习惯称他为"小李将军"。

正是这对父子，将中国青绿山水画艺术推向一座新的高峰，成就了初盛唐时期最有影响的山水画派。

人们从传世不多的摹本中，依然得以领略这对父子笔下煌煌的大唐气象：一望无际的烟波浩渺，象征着帝国的宏图大业；绿树繁茂、草木蓬勃，毫无萧瑟之感；人物微如芥豆，但是眉眼清晰，或策马行路，或指点江山，一扫颓靡情态；遒劲而多变的线条，浓厚而强烈的青绿重彩，树石掩映间施以丹朱、金碧辉煌的殿宇，无不显露出繁华典丽之美，明朗幽深的境界，引人入胜。

图10-2　[唐] 李昭道《明皇幸蜀图》（传）

《唐朝名画录》里有个故事，玄宗天宝年间，皇帝突然想看嘉陵江山水，就命令吴道子和大李将军分头去采风作画。吴道子画得特别快，也不打草稿，把一切在心里过一遍，然后一挥而就，嘉陵江300里山水，只一天工夫就画完了。而李思训画得很慢、很细致，几个月才完成。唐玄宗比较了这两件作品，满意地说：李思训数月之功，吴道子一日之迹，全都美妙极了！

这个故事从时间上可能不大靠得住，因为李思训开元六年就去世了，无法再在天宝时期与人较量，但是内容上又十分生动地说明了两位顶级山水画家的风格差异。李思训属于章法谨严、笔墨精工的一路，被后来的明代大画家董其昌尊为山水画"北宗"之祖。

山水如此迷人，唐代的许多文人雅士便喜爱在山水间读书习业。据历史学家严耕望统计，有唐一代，著名文士，经历过长期山水生活的，就包括我们熟知的陈子昂、李白、岑参、刘长卿、孟郊、李贺、杜牧、李商隐、温庭筠在内的近百人。

到了晚唐时期，世事已不可为，人们更加倾慕山水，表达隐逸愿望的作品也多了起来。这次"又见大唐"特展专程从上海博物馆借调的孙位的《高逸图》（图 10-3），便是那一时期的代表性画作。

公元 881 年 1 月，黄巢起义军攻入长安，唐僖宗匆匆忙忙逃往成都避难，孙位也是这批随行的画家之一。在偏安西南的蜀中，他留下了不少人物、松石、墨竹和宗教题材的画作，影响深远，当地一直流传着"画山水人物皆以孙位为师"的说法。

北宋《宣和画谱》，记录了孙位的 26 件作品，不过今天，我们只能看到《高逸图》这一件了。

卷首的瘦金体题签上，宋徽宗把它称作"孙位高逸图"。很长时间里，人们都不确定画面上的四位"高逸"——洁身自好、行为超逸、寄情山水、不愿为官的高人——是确有所指还是泛泛而论？直到 20 世纪 60 年代，在南京的一座东晋墓葬里，出土了《竹林七贤与荣启期》画像砖（图 10-4），人们才知道，原来画上画的是颇具传奇色彩的东晋名士群体——"竹林七贤"，只不过绢面残缺，遗失了三位名士。

幸存的四贤坐定在华丽的地毯上，各有童子服侍。从右向左数，第一位体型最大，肩膀上披着袍子，袒胸露怀。他双手抱定膝盖，身体向后仰，靠在靠垫上，非常惬意。画家着力刻画了他的眼睛，目光瞥向前方，眉宇间流露出些许高傲，这便是山涛山巨源，只不过静默安坐，便显露出一种"如璞玉浑金"的风神气度。

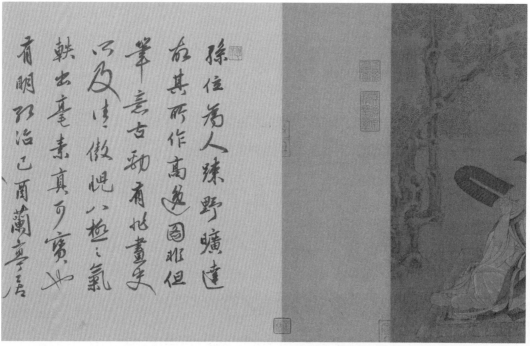

孫位為人踈野曠達
故其所作高逸圖非但
筆意古勁有此畫更
以及情傲悦八极之氣
軼出毫素真可寶也
有明弘治己酉蘭亭主人

图10-3 ［唐］孙位《高逸图》

第二位是王戎。他略显清瘦，光着脚，右手拄着一柄如意，左手懒洋洋地搭在右手上，表情若有所思，面前还摊着一卷书画。

第三位最有意思，满脸络腮胡，其貌不扬，眉头皱着、眼神恍惚，看来已经不胜酒力了，回头正要呕吐，童子赶忙奉上唾壶跪接。不过此公的双手，仍然紧紧把住酒杯不放，除了嗜酒如命的刘伶，还能有谁呢？《晋书》记载，刘伶的车上总放着一把铲子，吩咐仆人："我在哪儿喝酒醉死，你就在哪儿把我就地一埋。"

最后一位是阮籍，"竹林七贤"中除了嵇康，就数他名气最大。他翻白眼的功夫了得，遇到投缘的朋友，才青眼有加，否则一定白眼相向。不过从画上看，他心情不错，面带微笑，手中把玩着麈尾——一种用兽毛制作，类似今天扇子加鸡毛掸子的东西——优哉游哉。

这幅画可称得上是唐人在向晋人致敬，不但画的是东晋名士，技法上也承袭了顾恺之如春蚕吐丝般的线条以及张僧繇重骨气的画风，背后更是接续了他们对山水世界与自由心灵的渴望。

图10-4　[东晋]《竹林七贤与荣启期画像砖》（局部）

11

唐三彩：千年一瞬间

盛世回响，又见大唐。

唐三彩，全名叫"唐代三彩釉陶器"，造型古朴典雅，色彩美轮美奂，被认为是古代陶瓷艺术的精品。尽管如今被大家当作宝贝，但倒退个几十年，任谁都不会摆在家里。因为它们是陪葬品，也就是所谓的"明器"，在地底下陪着墓主人一千多年了，任谁拿到手上都会觉得阴森森的，不吉利。

所以假如您在古装剧里，看到有房间陈设唐三彩的，心里一定要明白，这属于剧组没常识，事实上完全不可能。即便到了晚清民国，村民们修路，偶尔刨出唐三彩，也还会啐上口吐沫，一锄头打碎。

人们逐渐认识到唐三彩的价值，不过是近几十年的事。早先，在河南省洛阳市北邙山附近的唐墓中，出土了大量彩色陶器，造型精美，题材也很丰富，仕女、胡人、马匹等等（图 11-1、图 11-2、图 11-3），不一而足。一时之间轰动了当时的考古界和史学界，特别是研究中国

图11-1　唐彩绘陶女立俑

图11-2 唐三彩胡人牵驼俑

图11-3　唐三彩仗马

古代雕塑的学者。大家惊叹，没想到1300多年前，竟然有如此高水准的陶艺！除了自身的美学价值，还以高度写实的风格再现了唐人生活的实况，让我们很容易同那个叱咤风云的王朝亲近起来。

　　唐人爱马，太宗皇帝李世民生前的坐骑就被雕刻在陵寝的石壁上，永远铭刻着这位伟大帝王的峥嵘岁月，这便是为人熟知的"昭陵六骏"。

　　不光皇帝是这样，民间的尚武之风也很盛行，甚至女士们也巾帼不让须眉，随便就可以骑在马背上，风风光光地走一遭。

　　唐三彩中最有名的也是马。

　　唐三彩马，釉色以褐色和白绿色为主，通常形体高大、结构复杂，无法使用普通的手工拉坯来完成，因此多用"模制法"成型。虽然是模具制作，但都各具特点，几乎找不到完全一模一样的。

从现存的实物可以看出，唐代三彩匠师们不仅对马的形貌特点十分熟悉，而且对其神态、秉性也有深入的了解。塑造起来得心应手，骨是骨、肉是肉。他们不仅使三彩马在外形上做到了十分逼真，而且还充分发挥艺术想象力，恰当地运用夸张的手法，使马的内在精神表现得淋漓尽致、栩栩如生。

并且，诸多实物的出土，也为学者们解决了不少过去搞不清楚的学术问题。

拿这尊唐三彩仗马（图11-4）来说吧，马身纯黄，脖颈修长，鬃毛修剪得整齐利落，尾巴也被精心打理过。身上搭配的乘具非常讲究：黄色马鞍下，垫着黄绿相间的马鞯，两侧垂有革带，胸部和臀部都用杏叶

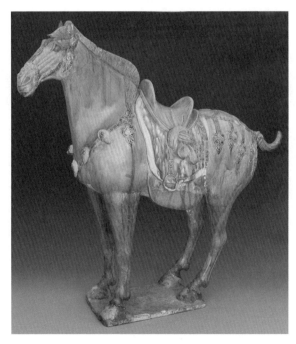

图11-4　唐三彩仗马

装饰，加上马头微微昂起，目视前方，整体看上去，显得肃穆、气派。最关键的是，从马鞍两侧垂下来的马镫，印证了史学界过去存在争议的一个观点，即我国在隋唐时期就开始普遍使用马镫了。可别轻视这小小的马镫，正是它的出现，使骑兵的双手得到解放，人骑在马上也可以借到力，使得动相当沉重的兵器，战斗力也就因此大为提升了。

不过总体来说，虽然免不了谈谈打打，唐王朝和周边民族的关系，主流还是融洽、友好的。唐太宗李世民说过一句很有名的话："自古皆贵中华，贱夷狄，朕独爱之如一。"这体现了唐代最高统治者在处理民族事务中，高瞻远瞩、海纳百川的胸怀。各民族间的文化交流、商贸往来，也因之畅通无阻、极大繁荣了起来。

这尊唐三彩胡人鸟趣骑马俑（图11-5）就是一个活生生的例子。您

图11-5　唐三彩胡人鸟趣骑马俑

看这位身着绿衣的西域商人，头戴软帽，深目高鼻，面含微笑，正凝视着手中的白色小鸟，而可爱的小鸟也正回首望他，似乎还在啾啾鸣唱。一人一鸟，融融洽洽。

这位绿衣胡商，应该是刚刚在长安的西市上卖出了从远方带来的珍奇，所获颇丰。几个月来的风餐露宿、旅途艰辛如今得到了回报，心情自然大好，于是信马由缰，在京城里玩一玩、逛一逛，和心爱的小鸟逗逗乐。这一幕，铁定被哪位有心的工匠看在眼里，定格在了作品中。

要特别说明的是，好多人有误解，觉得"唐三彩"顾名思义，只有三种色彩。其实从出土实物看，远不止三种。大概因为以黄、绿、白这三色为主的特别多，所以习惯上被称作"唐三彩"。

您还记得唐传奇里很有名的"红拂女和虬髯客"的故事吗？教给虬髯客一身本领的，是一位昆仑奴。红拂夜奔，据说也是一位昆仑奴出手相助，背着她翻墙越脊，逃出了杨素的家宅。

所谓"昆仑奴"，是指当时被卖到贵族家里、充作奴仆的南洋黑人，他们有的多才多艺，成为市集上表演歌舞和杂耍的伶人。这次特展，刚巧就有一尊唐釉陶昆仑奴俑（图11-6），使我们得以见识这位许多传奇故事的主角。

不过红拂女自由恋爱的艰难，主要还是因为她不自由的歌姬身份。不要忘了，唐朝可是出过女皇帝的朝代，女子的地位可不是一般的高。宴饮、市集、春游、庙会等各类社交场合都有她们香艳的身影。

这尊出土于河南洛阳的唐三彩骑马女俑（图11-7），马上女子头梳高高的发髻，上身穿窄袖翻领襦衣，肩上披着帛巾，下身穿着马裤，脚上蹬着软靴，像男子一样骑跨在马背上，神情安然而自信，一副高高在上、

图11-6　唐釉陶昆仑奴俑

图11-7　唐三彩骑马女俑

图11-8　唐彩绘陶骑骆驼俑

图11-9　唐彩绘黑奴拉马俑

生活优裕的样子。可以想见，这种佳人和骏马的组合，出现在长安城的大街上，有多么赏心悦目。

这尊唐三彩，施釉光润，艺术地凝固了当时贵族女性生活的瞬间，像一幅立体写真，千年以后，风神不改。

写真也是唐三彩创作的主要风格，内容多为当时人们日常生活的写照。对今天来说，既起到了补充文献的作用，又一目了然，生动有趣。

比如这尊出土于辽宁朝阳地区的唐彩绘陶骑骆驼俑（图11-8），一位西域商人骑在骆驼上，深凹的眼眶和高耸的鼻梁，具有典型的胡人特征。这位老兄侧身而坐，守着骆驼背上鼓鼓囊囊的包裹，似在满怀希望地奔走于繁忙的商道，胯下骆驼也被主人的情绪感染了，昂首挺胸，高声唱和。

在唐代，辽宁朝阳地区即当时的营州，是草原丝绸之路的东端枢纽，也是当时的军事重镇。中亚与西亚的客商往来不绝，草原上，到处响起悠扬的驼铃。这一幕也被永远凝固下来。

唐三彩，曾经深埋地下，默默守护着大国之记忆、唐人之风采。可那些创造它们的工匠呢？并没有留下名字。

如今的展出，也算是向这些无名的作者致敬吧。

三彩汇万象，千年一瞬间。

12
细读《簪花仕女图》

盛世回响，又见大唐。

平定安史之乱，为大唐中兴立下汗马功劳的一代名将郭子仪，最近添了个心事。

彼时，老将军已经退休多年了，整日在家品品茶、看看书画、会会朋友，享享天伦之乐。儿孙们都在朝为官，发展得挺好，也用不着他操心。

可这几天，女婿赵纵送来的两幅画，让他费了点儿琢磨。怎么回事呢？

其实也没什么，就是两幅肖像画，画的都是女婿自己，这位朝廷里的侍郎官大概对自己的仪表容貌颇为自负，老喜欢请人画像。

这不，送来的两幅就是当今两大名笔——韩干和周昉分别画的。这两位可都了不起啊，论起来，韩干是画坛老前辈了，曾经深得艺术眼光超高的玄宗皇帝赏识，招进内廷里着力培养过；周昉是后起之秀，一开始学张萱，学着学着后来居上，人们提起张萱，反倒说他是周昉一类的画家了。

两位大手笔，平时求画的人，简直多到要把门槛踏破。现在，居然都肯为女婿画像，看来也是冲着自己的老面子啊。

想到这儿，郭老将军不禁莞尔。可为什么又添了心事呢？因为这两幅画，题材不同倒还好，偏偏是同一个人的肖像，挂在一块儿，就难免有个比较，总想分它个高低上下来。

谈何容易啊！北大、清华非要掰扯清楚到底谁压谁一头，这话打哪儿论？所以一来二去，这个事儿成了郭家宾客们争论的一个话题，也成了老将军说大不大、可也总惦记着的一桩心事。

这天，赵夫人回娘家来了，看爹爹又在那儿呆呆地赏画，就奉上一盏香茶问安。老人家喝了一口，顺嘴问道："你看画上这人是谁？"女儿一笑："是赵郎。""哪一幅更好呢？""都好！""欸，总有个更像的嘛。""那要这么说，周昉这幅更好。""哦？何以见得？""爹爹你看，韩干画得是像，五官眉眼一模一样；可周昉画得不但像，还能看出神气、看出性子来，我感觉这人马上就要开口说话似的。"

郭子仪听到这儿，豁然开朗，定睛瞧瞧这幅，又瞅瞅那幅，不禁赞道："真是知夫莫若妻啊！"

这个故事记录在北宋学者郭若虚的《图画见闻志》里，成为周昉惊人画技的生动见证。

故事还没完，后面还有两个彩蛋：

第一个，郭子仪是个性情中人，困惑解除，兴高采烈，女婿怎么表示那是女婿的事，自己让人备好了数百匹织锦，送到周昉家，再添一份心意！

第二个，皇上知道了。刚巧，当时德宗皇帝正在考虑修缮章敬寺的事，

那是长安城里一处气势恢宏的皇家寺院，可里面的彩绘佛像由谁来画呢？皇帝一直没想明白。这下好了，还搞什么"竞标"啊，直接就周昉了！随便报价，不计成本！

这就是周昉——《簪花仕女图》（图12-1）的作者。

来辽宁省博物馆看"又见大唐"特展，您可不要错过这幅画。就代表大唐文化的雍容华贵、大唐审美的富丽饱满而言，周昉这幅《簪花仕女图》恐怕还要胜过张萱那幅《虢国夫人游春图》。

这是因为，中国的人物画，经过先秦时期的初步确立，秦汉时期的进一步拓展，魏晋南北朝时期的艺术自觉，发展到唐代，终于进入了一座高峰。

唐代自身的人物画艺术水准也在按照循序渐进的逻辑，一代代不断积累、酝酿、嬗变。画家对生活的体认、对笔墨技巧的驾驭、对前代艺术传统的推陈出新，到周昉这里，终于瓜熟蒂落、水到渠成了。

在开始品读画卷的时候，我想请您先不要把注意力放在这些仕女身上，先来看画面偏左、那只似乎无关紧要的仙鹤。

跟《虢国夫人游春图》省略掉一切背景比起来，这幅画开始在人物与人物之间点缀了些并非主体的仙鹤、小狗、湖石和花草。您可别小看这一点，因为它们分属不同的画科。能把一只仙鹤画到丝丝入扣，使其身上的翎毛仿佛从肉中长出来那样，由虚而实、笔笔不乱，腿骨、关节和脚爪仅用墨线便表现出坚硬的质感，说明画家对花鸟画也有精深的造诣。

再来看最左边那块半掩半露的湖石，是不是也特别立体，感觉特别真实呢？这里边也有门道。

画家勾勒轮廓时，就已经做了急徐顿挫的运笔变化，比如所有转折的地方，线条都粗重。再用水墨皴染，体现出石质的凸凹与明暗过渡，这是非常成熟的山石技法。

所以周昉真是位全能画家！画史公论，他为后世创造出一种"法度"。

也就是说，他系统梳理、总结、继承了前代的各种画法，将之融汇在新的审美样式中，成为后世画家学习的榜样。

这些说起来不过几句话的事，可要知道，整整一个唐代，能够创立自己风格，并且成为后世法度，相当于今天所谓"画派"性质的，除了周昉的"周家样"，也就只有画圣吴道子的"吴家样"了。甚至有研究者把这两个人比作高悬的太阳和月亮，日月经天，相继引领着大唐画坛的风骚。

当然了，周昉的长处并不在花鸟山石上，人们把他和张萱所画的仕女画，统称为"绮罗人物"，也就是以穿着华丽丝绸的贵族女性为主题的绘画。北宋徽宗皇帝收藏有周昉的72件作品，几乎半数为这种"绮罗人物"，可见画家情有独钟、技有所长。

接下来，咱们就进入正题，仔细读一读图中的仕女。

六位仕女一字排开，共同的特征是面庞圆润、体态丰肥——请注意，我特别用了"丰肥"二字——梳着高耸的发髻，穿着曳地的长裙，眼睛细细长长，嘴唇嘟嘟翘翘。

咱们今天以瘦为美，"骨感"是明星的标配，"减肥"是永远的潮流。虽然心里都明白唐朝以胖为美，可是看到陶俑里的胖美人、画卷上的胖仕女，总觉得有点儿不可思议。也不光咱们，很久以前，晚唐五代已经在向苗条转型的时候，就有人批评过周昉画仕女"侈伤其峻"，也就是嫌太胖了，有损俊秀。

关于这一点，倒是宋人《宣和画谱》上给了个解释。不过这解释，听上去总感觉怪怪的。

大意是说：周昉家庭条件好，平时接触的也都是有钱有闲的上流阶层，营养不错，还不干活，所以胖子多。另外唐代都城在长安，您去看陕西女人，本来瘦小的就少，更何况身处盛世，这就跟韩干画马不画瘦马一个道理。

怎么它就一个道理了？我其实也没太整明白。不过感觉这事儿真不能怨周昉，因为它不是哪一位画家的个人选择，而是时代风气、审美理想使然。

文化学者冯骥才先生在一篇文章里谈道："如果我一边吟诵元稹、白居易描写贵族妇女的诗篇，一边观赏这幅画，开元天宝年间的豪门风尚就活现在眼前了。"

1200多年前的一天，春末夏初，风和日丽，一群贵妇人在幽静空旷的庭院中漫步，闲适、安逸，没有必须要做的事，也没有一定要赶的时间，就是逛逛，爱干吗干吗。

最右边这一位（图12-2），我觉得最婀娜。她身穿火红的石榴裙，外披轻纱罩衫，侧着身体，形成一条优雅的弧线。左手轻托衣裙，右手握着一根拴系璎珞的长杆，正饶有兴致地逗弄一条小狗。头顶上，还戴着一朵硕大的牡丹花。牡丹乃大唐国花，花开富贵，与她通体的绫罗与安闲的神态结合在一起，显出一种优雅的风度。

她脸上的妆容带有这批仕女共同的特点。

首先，表现在眉毛的画法上。唐代女性画眉，总体要比前代宽阔和浓重，这是因为唐人画面妆开始大量使用胭脂的缘故。胭脂由从匈奴地区传入中原的红蓝花所制成，化妆的时候先在脸上搽一层白粉，再用它涂脸颊，色彩就会很浓重，因此就需要突出眉毛，来与之相适应，这种如桂树叶一般的短式阔眉也就变得十分流行了。

图12-2 《簪花仕女图》（局部）

不过画面上的女子似乎只描了桂叶眉，而没有用胭脂，倒暗合了虢国夫人"却嫌脂粉污颜色，淡扫蛾眉朝至尊"的描述。

嘴巴的画法也很别致，这种樱桃小口不是天然长成的，而是画面妆的时候用妆粉将嘴唇一并抹去，再用浓艳的唇脂点出来的。点的时候，只点嘴唇中央，上唇中间部位再做一点儿凹陷处理，这样就会有一种类似花瓣的效果。不光这幅画，咱们前面讲过的《虢国夫人游春图》和许多陶俑都是这样。

细心的朋友也许还会注意到，所有仕女的眉心似乎都有点儿什么，或是一个小点，或是一朵小花，这叫"额黄"。据说汉魏以来，随着佛教的流行，人们从涂金的佛像身上受到启迪，将自己的额头涂染成金黄色，从而诞生了这种特殊的装饰。只不过一开始，满脑门都涂，后来涂染的面积越来越小，终于缩成了这幅画上看到的样子。

说罢妆容，再从第二个人身上看看服饰。

中国的纺织技术着实了得。长沙马王堆汉墓曾经出土过两件素纱禅衣（图12-3），轻如云雾、薄如蝉翼，去除领口和袖口比较重的边缘，每件重量只有25克左右，折叠起来，可以塞进一只火柴盒。

古人内穿鲜艳的锦衣，外面再罩上这么一层禅衣，华丽若隐若现，

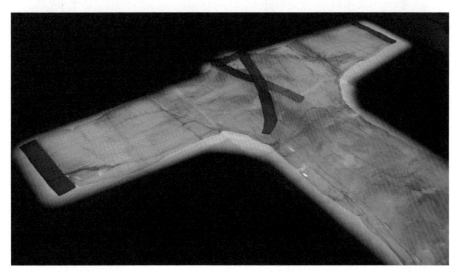

图12-3　长沙马王堆汉墓　素纱禅衣

彩绣朦朦胧胧，有一种梦幻般的情调。

　　画中仕女的着装就有这个特点，可要知道，把这种梦幻感通过绘画表现在平面上，是多么需要技巧和功力。

　　第二位仕女（图12-4），她的姿态、手势跟第一位呼应，也被眼前跃跃欲试的小狗吸引住了。

　　重点是她的右手仿佛不堪天热似的拉了一下纱罗罩衫的衣领。正是这看似不经意的一拉，让这个部分成了全画服饰关系最为复杂的所在。

　　纱的轻薄质感和里面团花红裙的关系；红裙半透明的部分和直接露

图12-4　《簪花仕女图》（局部）

出部分的关系；肌肤的隐约可见和一览无余的关系；甚至一拉之下，改变了纱罗的受力，所造成的颈、肩、臂、指的视觉变化……画家正是在对这许多关系和变化的一丝不苟的把握中，凸显出人物的风神。

这两位仕女，再加上她们逗弄的小狗，构成了《簪花仕女图》的第一个段落，姑且称之为"戏犬"吧。另外两个段落"赏花"和"捉蝶散步"也很有意思。

三个段落的分法，不是我独出心裁。1984年，人民邮政发行《簪花仕女图》系列邮票，除了拉通的小型张，其余三枚刚好就对应着这三个段落。这里边有更悠久的文化渊源，甚至还藏着一个长期不为人知的秘密。

如果不是故宫博物院的专家1972年对这幅画进行系统修复的话，这个秘密可能永远都不会暴露。

正是在这次修复的过程中，人们意外发现，原来《簪花仕女图》并不是一幅画。

这就奇怪了，那它能是什么呢？

实际上，它是由三块儿大小相近的画绢拼合起来的，而且肯定是后世拼合的。也就是说，从一开始，周昉就没打算画成咱们今天所见的一幅长卷的样子。这也就解释了为什么《簪花仕女图》段落与段落之间看上去没有明显的情节联系，不像《虢国夫人游春图》那样，是一个精心构思的整体。

那么，到底是谁拼的？为什么拼接在一起？最开始又为什么要分成三块儿画呢？

这些问题，在秘密被发现之后，学术界的研究就没有停止过。

比较公认的看法，这三块儿小画很可能是从同一架屏风上拆下来的。

图12-5 [五代] 顾闳中《韩熙载夜宴图》（局部）

不过不是咱们在电视剧里常见的明清时期的大屏风，而是一种早已不用了的家具——胡床上的离合屏风。

从魏晋到中唐，胡床是人们通常的坐具，就像今天的沙发。三面围着小屏风，方便人倚靠，也起点儿遮挡作用。这些小屏风的高度通常不超过50厘米，相当于今天的沙发靠背或者床栏。在著名的《韩熙载夜宴图》（图12-5）中，就有宾主二人倚靠着床边屏风欣赏音乐的场景。请注意，那里边的屏风，也是三面有画。

古老的家具衰朽了，精美的部件被有心人拆下来，装裱成手卷，随岁月流转。

谁拆的？谁裱的？不知道了，只知道大概在南宋时期。不过拆裱得恰到好处，每一位仕女都仿佛凭借自身的沉静与完美，打破了刻意的人为安排，显出一份天真的情趣。

最后再饶舌几句，也算是一个彩蛋。

前面不是说皇上派周昉去章敬寺画佛像了吗？他真去了。

画的时候，不设帷幕，任人围观。这下里三层外三层、懂行的不懂行的，七嘴八舌说什么的都有。对所有议论，他都听，只要是有益的，随时调整。等最后完成的时候，众人无不惊叹，啥毛病都挑不出来了。

说这个什么意思？人哪，恃才傲物的多，虚怀若谷的少。可要一个人像周昉这样，能力超强、才华横溢，还能听得进话去，出息可就大喽。

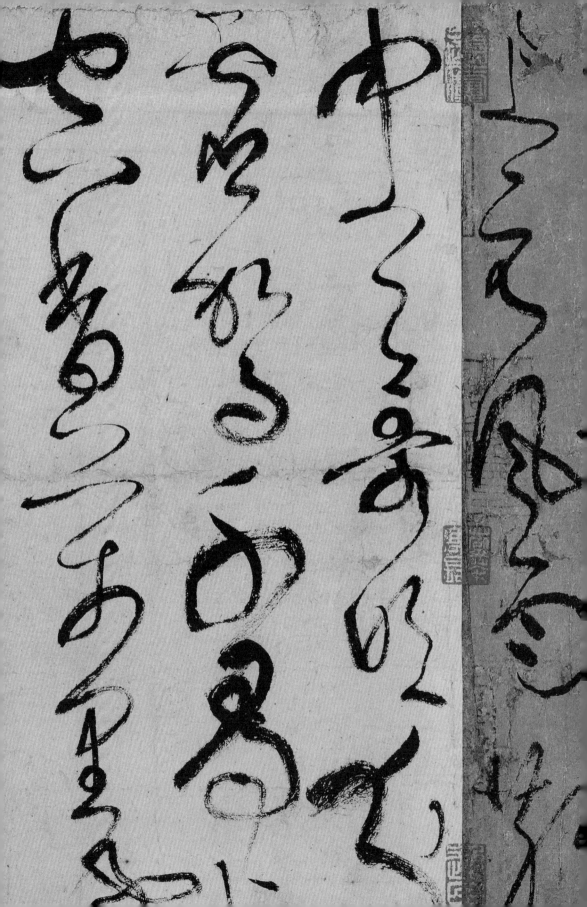

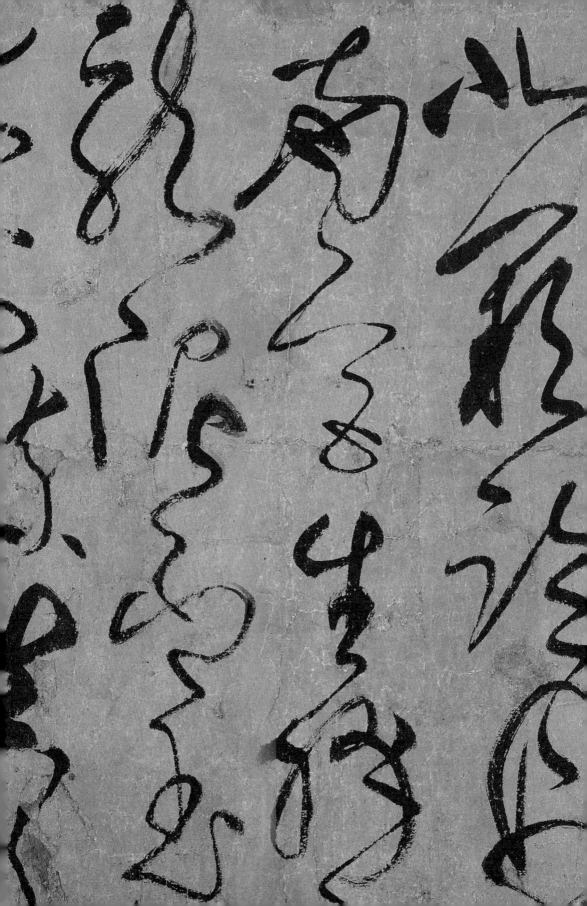

13

饮中八仙歌（上）

盛世回响，又见大唐。

辽宁省博物馆"又见大唐"文物特展上，有一件诗书画俱佳的作品，名为《明唐寅临李公麟饮仙图并书杜诗卷》。

这个长长的名字里包含了文化史上三位了不起的人物：第一位——唐寅，就是传说中点秋香的那位唐伯虎，明朝江南第一风流才子；第二位——李公麟，北宋大画家，跟王安石、苏东坡都有交情，是当时画马和人物的名家；第三位——杜甫，唐代大诗人，千秋诗圣。

究竟是一件什么样的作品，把这三位不同时代的名流联系在一起了呢？

答案就在卷尾的跋文（图13-1），唐伯虎把这段机缘交代得很清楚。

明朝正德丁丑年（1517）的夏天，已经步入晚年的唐伯虎在苏州石湖草堂避暑，有人拿来一卷古画，是宋人李公麟画的《饮仙图》。唐伯虎一眼就相中了，觉得这幅画"甚可爱"，留在身边欣赏了几个月，还临摹出

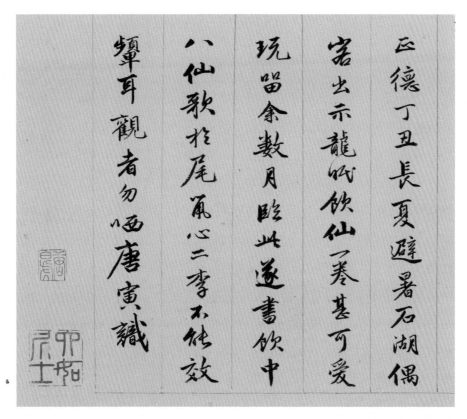

图13-1　卷尾跋文

一幅来。

李公麟这幅画之所以叫《饮仙图》，明显是受了杜甫那首有名的诗《饮中八仙歌》的影响，所以临摹完以后，唐伯虎索性也把那首诗题在后面了。

就这样，唐代诗圣的诗，宋代大家的画，以及明代江南第一风流才子的笔墨，在这幅超过 6 米的长卷上结合为一个整体，隔空对话，穿越古今。

临摹的时候，唐伯虎已经步入晚年了，具体多大岁数呢？ 48 岁。有人说 48 岁怎么就晚年了？因为唐伯虎 55 岁就去世了。

要不是人到晚年，他恐怕还不会如此欣赏李公麟这幅画，也不会如此认同杜甫那首诗。文艺作品跟人的相遇，都讲个机缘，迟一步，早一步，都不成。当这幅画和那首诗进入唐伯虎视野的时候，他的人生状态、心境和修养都刚好为接受它们做足了准备，所以，才有共鸣，才能读懂。

要是换做早年，他正春风得意、心浮气躁，话就得两说了。

唐伯虎，早年挺走运的，生在苏州，江南繁华之地。家里是经营糖酒杂货的商人，虽非大富大贵，可也衣食无忧。16岁那年考秀才，高中第一，轰动了整个苏州城；29岁到省城南京考举人，又中了个第一。这就两个第一了。如若第二年到北京会试，再拿个第一，那叫什么？叫"连中三元"，在科举制度下，就算人尖儿中的人尖儿，前程不可限量。说这个话呢也不是不可能，要换别的地方的人，恐怕还费点劲，可他是苏州人。苏州，由唐到清，科场上势如破竹，出过五六十位状元，将近四千名进士，哪儿都比不了。

所以这事儿啊，八成也就一脚油门，没什么悬念了。旁人这么看，唐伯虎也这么看。

果然，开始很顺利。进京赶考的路上，他还碰见一同乡，叫徐经，江阴富商的儿子，也是去参加会试的。两个人同吃同住，一路上挺滋润。

进了京，俩人先拜望京里头的一些关系。徐经银子多，唐伯虎名气大，一来二去结识到不少重量级人物，其中就包括本年会试的主考官——程敏政。

那年头，考生提前见见考官，其实挺普遍。不图别的，就图留个好印象，特别是像唐伯虎这样，年轻有才，很容易受到重视。

本来事情到这一步都挺好，可紧接着，起变化了，就因为程敏政说了一句不该说的话。

那是在考试完了以后，阅卷的时候。估计题目也是难了点儿，一连几天，都没看到什么像样的文章，后来，终于发现有两篇还不错，程敏政很高兴，脱口就说了一句："这肯定是唐寅跟徐经的。"

这话犯了忌讳了。

您想，那什么当口？科举考试的最后一关啦！上榜的人少，落榜的人多，都红了眼了。你一主考官这么说，什么意思？哦，背后有黑幕？你钦定的？

这就给人落下话柄了。何况考试以前，双方的确接触过，唐伯虎还请程敏政给他的诗文集作序来着。当时朝廷里一位给事中，叫华昶，就把这些情况一汇总，整理了一份材料，奏给了皇上。

历朝历代，科场舞弊者都是朝廷严打的对象。上面很快压下来，成立专案组，彻查！这就是明弘治十二年（1499）的"会试泄题案"。

查？怎么查啊？简单粗暴，就一个字儿：打！

相关人等，可就遭了罪了。据说徐经熬不过，交代了"罪行"：他拿一块金子，贿赂过程敏政身边的仆人，搞到一份试题，传给唐伯虎看了，还拜托唐伯虎写范文。不过后来刑部、吏部会审的时候，他又翻供了，说是屈打成招。

总之这个事儿越查越糊涂，不过有一点算是清楚了，程敏政当初认定的那两份卷子，根本就不是唐伯虎和徐经的。

最后，皇上拍板，给案子做了个了结。程敏政老糊涂了，赶紧退休；徐经私底下见主考，唐伯虎还向主考求文章，这叫什么？这叫谄媚巴结，以后都甭做官了，取消会试资格，当办事员（吏）去吧。至于那个告状的给事中华昶，也不是什么好东西，举报不实，贬官降级！反正就是惹事的我收拾，挑事的我也收拾。

虽然高高举起，又这么轻轻落下，没像其他案子那样，搞到人头落地。但对唐伯虎这么一个满怀期待的才子来说，堪称人生命运的重大转折。

他就此看透了一些事情，与官场绝缘，伴着诗文、书画与美酒，过了一生。

所以我们才会看到，他那么欣赏"饮中八仙"，在杜甫的诗歌与李公麟的绘画中深为陶醉，并用自己的笔来临摹、书写，把自己心底的感慨和生命情怀也一并融入进去。

酒到微醺，在苏州长夏的夜晚，他摊开一卷纸，捡起一支笔，开始和几百年前的唐人——开元天宝年间那八个著名的醉汉——交流心曲。

那八个人是谁？他们又有什么样的故事吸引了唐伯虎呢？

14

饮中八仙歌（中）

盛世回响，又见大唐。

当您在辽宁省博物馆"又见大唐"特展上，看到这幅《明唐寅临李公麟饮仙图并书杜诗卷》（图14-2）的时候，我建议您先绕到卷尾，去读一读那首《饮中八仙歌》（图14-1）。

那是全图的创作缘起和唐伯虎喜爱这个题材的初衷。

饮中八僊歌

知章骑马似乘船

眼花落井水底眠

汝阳三斗始朝天

道逢麴车口流

涎恨不移封向酒泉

相日兴费萬錢饮如長

鯨吸百川銜盃樂聖稱

世賢宗之瀟灑美少年

擧觴白眼望青天皎如

玉樹臨風前蘇晉長齋

繡佛前醉中往往愛逃

禪李白一斗詩百篇長

安市上酒家眠天子呼

來不上船自稱臣是酒

中仙張旭三盃草聖傳

脱帽露頂王公前揮毫

落紙如雲煙焦遂五斗

方卓然高談雄辯驚四

筵

图14-1　卷尾 唐寅书《饮中八仙歌》

当代学者，对唐伯虎的书法有批评，说唐伯虎书学赵孟頫，已经是取法不高，但赵字毕竟还有丰腴之态，写得肥；到唐伯虎这里，就只剩下柔弱软媚了。

其实平心而论，唐伯虎的书法虽然学赵孟頫，但并没有抄袭模拟，而是写出了自己的风格。唐寅的字一看就是唐寅的字，懂书法的人绝不会拿他与赵孟頫混淆，这就是人家厉害的地方。后世学赵字的人很多，很少有人能做到这一点。像这次大展还有祝允明也就是祝枝山的书法。祝枝山学古人，范围广、功力深，但始终没能形成鲜明的个人风貌，就这一点来说，不如唐伯虎。

当代书坛，求新求变，所以对历史上风格工稳一路的书法家，评价都不高。

咱们来看这首《饮中八仙歌》。

杜甫三四十岁的时候，在长安生活过 10 年，这首诗就是那期间写的，比唐伯虎的时代早了 700 多年。

什么叫"饮中八仙"呢？咱们都知道"八仙过海"，是民间传说里的八位仙人，张果老、吕洞宾等等。杜甫借这个名号来写与他同时代、时间上稍早一点儿的八个人物，他们的共同爱好是喝酒，因为喝酒喝出了风度，喝出了超越红尘之外的仙气，所以有"饮中八仙"的美誉。

不过请注意，这八个人身上的潇洒并不是单纯的快乐，单纯地追求个性解放，而是有不得已，有时代强加给他们的苦衷。这也是唐伯虎之所以与他们产生共鸣的深层次原因。

诗里出场的第一个人物是贺知章。大家都能背他写的《咏柳》："碧玉妆成一树高，万条垂下绿丝绦。不知细叶谁裁出，二月春风似剪刀。"

图14-2 《明唐寅临李公麟饮仙图并书杜诗卷》（局部）

他有一点很像唐伯虎，都是少年成名，以诗文建立声誉。但是贺知章仕途上比唐伯虎顺利太多了，中过状元，身居高位，给太子当老师，而且寿命很长，活到86岁。告老还乡的时候，玄宗皇帝给他莫大体面，写诗送行，还把他老家绍兴的风景名胜区——镜湖的一角送给他，供他养老。

但是这个人，史书上说他"晚年尤加纵诞，无复规检"，也就是越老越放纵，越不守规矩。这倒很奇怪。因为人一般都是年轻时血气方刚，爱出格；老了老了，经得多见得广，也就越来越谨慎。为什么他偏偏反过来了呢？其实啊，这是对当时政局的一种回避，一种自我保护。

从开元到天宝，政治局面变了，皇帝不思进取了，朝堂上当权掌舵的变成李林甫这样的奸相了，也就没什么话好说。所以，《饮中八仙歌》里，贺知章一出场就是一副醉醺醺的、东倒西歪的样子："知章骑马似乘船，眼花落井水底眠。"醉倒了，从马背上掉进水井里，就在井底下睡一觉。这当然是夸张，否则早淹死了。

第二个出场的："汝阳三斗始朝天，道逢曲车口流涎，恨不移封向酒泉。"说的是唐玄宗的侄子汝阳王李琎。

如果我们不了解他，只会知道他好酒。您看，觐见皇帝以前，他还要连喝三斗。一出门，遇见小贩运酒的车子，又馋了，口水直流，恨不得皇上立马给自己改封，把自己的封地改到盛产美酒的酒泉去。

这是为什么呀？一个人好酒怎么好成这样？要明白这个，就要从他的身份上去破解。

李琎是唐玄宗的大哥"让皇帝"李宪的儿子。什么叫"让皇帝"呢？就是这个皇位是他爹李宪让给唐玄宗李隆基坐的，换句话说，皇位本来是人家家的。

为什么要让呢？因为李隆基还在做皇子的时候，就已经羽翼丰满了，起兵平定韦皇后之乱，立下大功。这种局面下，就算李宪能顺利接班，恐怕日后也制不住这个弟弟，平白再来一场"玄武门之变"，何必呢？所以就让了。李隆基做皇帝以后，果然念大哥的好，给他的地位、待遇都是顶级的，只不过没权。可这里边种下个遗留问题，当爹的愿意让，当儿子的愿不愿意呢？时间久了，不会对当初属于他们家的皇位有想法？不会起来搞事情？未必吧。

更尴尬的是，这李琎相貌还好，眉眼长得像唐太宗李世民。咱们讲过阎立本的《步辇图》，那上面的李世民可是仪表堂堂、人君之相。这一下更说不清了，血统是这么个血统，模样还是这么个模样，那你以后想干吗？

这不是空穴来风。有一回宫里办宴会，唐玄宗多喝了几杯，当众表扬自己这侄子，说真不错，大家看，长了张太宗皇帝的脸。李琎他爹，那位"让皇帝"李宪一听就急了，立马站起来训斥儿子："你个小畜生，居然敢长得像太宗？"这话当然不讲理了，遗传基因决定的，他有什么办法？不过当爹的也是害怕，怕将来因为这个，儿子遭迫害。玄宗一看大哥这么紧张，也知道自己失言了，马上把话头接过来："哎呀，哥哥不必这样，兄弟我会看相，帝王啊光有容貌不成，还得有帝王气概和帝王风度。咱花奴是好，但是属于小帅哥、小鲜肉那种好，做流量明星还可以，当皇帝不可能的！"

"花奴"是李琎的小名。史书上对他有八个字的描述："资质明莹，肌发光细"，从这个描述看，倒是属于鹿晗那型的。

不过通过这件事，咱们也就知道了李琎为什么表现出对酒异乎寻常的兴趣。这实际也是一种姿态，一种谨小慎微，怕引起皇帝叔叔的猜忌："你不好酒，整天那么清醒，好啥？"

15

饮中八仙歌（下）

盛世回响，又见大唐。

"左相日兴费万钱，饮如长鲸吸百川，衔杯乐圣称避贤。"

这几句写的是唐玄宗时期的宰相李适之。

图15-1 　《明唐寅临李公麟饮仙图并书杜诗卷》（局部）

李适之是宗室子弟,也就是说他的这个"李"跟唐玄宗李隆基的"李"是同一个血脉的"李"。由于这个缘故,李适之官至左相,路走得比较顺。那这个人有没有能力呢?有的!史书上记载他"以强干见称",做事情善于抓主要矛盾,不纠缠细节,不搞形式主义,在他手下工作,比较纯粹。

他好喝酒,晚上经常办宴会,可又不耽误白天的公事,有什么事,喊里咔嚓,很快就解决了。

就这么一个性子比较直的人,刚好碰上了性子阴沉、口蜜腹剑的李林甫。一个左相,一个右相,俩人搭班子。

李适之哪架得住李林甫算计呀,三下两下就被搞倒了,罢官免相,给扒拉到地方上去了。

他不是喜欢办宴会吗?《饮中八仙歌》里写他生活豪奢,平均一顿饭要花一万钱,喝起酒来,就像鲸鱼要把海水喝干。

下了台以后,他还处在这样一种生活的惯性里,又摆酒宴,邀请了一大堆客人,结果现实立马给了他当头一棒。在位子那会儿,别说请,整日里宾客盈门,主动过来凑;现在酒宴摆下,干等了一整天,没一个人来。为什么?都知道李林甫不得意他,主动跟他划清界限。

所以这时候再看他的好酒,就绝不是真正的旷达了。

《饮中八仙歌》里第四个人物叫崔宗之。杜甫怎么写他呢?"宗之潇洒美少年,举觞白眼望青天,皎如玉树临风前。"

"玉树临风"今天也经常用,它本来有两重意思:一是形容人门第高、出身好,二是气质出众。

《世说新语》里有个小故事。魏晋时期,人都讲出身,门第高的和门第低的都不能往一块儿坐。有个人叫毛曾,自身门第很低,但他姐姐

图15-2 《明唐寅临李公麟饮仙图并书杜诗卷》（局部）

图15-3 《明唐寅临李公麟饮仙图并书杜诗卷》（局部）

做了皇后，给他增加了胆气，参加宴会的时候，就想挨着门第高的夏侯玄坐。刚开始还不敢，怯生生的，皇帝就鼓励他去。结果两个人坐是坐一块儿了，舆论也就跟着起来了，"时人谓蒹葭倚玉树"，什么意思？说夏侯玄身旁坐了个毛曾，就好像金丝楠木边上长出根儿狗尾巴草来。

那么杜甫在这里，明显是拿"玉树临风"来形容崔宗之出身高贵、风神潇洒。

这也不算过誉。崔宗之的父亲崔日用，封齐国公，政治地位很高；他本人"好学，宽博有风检"，的确品学兼优。

可是这么一位杰出人士，在干吗呢？在"举觞白眼望青天"。端着酒杯，翻着白眼，不看人，看天。我们说，表示喜欢、表示尊重，自然青眼有加；表示轻蔑、表示不满，才白眼相向呢。可见，在这位出身高门的"潇洒美少年"心里，人间无非凡俗，也便只好不看厚地而看高天了，他的内心始终是寂寞的。

第五位叫苏晋。这个人信佛，但奇怪的是他的做派："苏晋长斋绣佛前，醉中往往爱逃禅。"单看前半句，会觉得这个人很虔诚，在佛像前吃长斋；但是加上后半句，他为什么又爱借着酒劲从禅的境界里逃出去呢？那还修行干吗？

这样一种矛盾，体现的是一种心态。什么心态？逃避的心态，用修禅逃避凡俗，又用喝酒逃避修禅。禅与酒都是他借以逃避的工具，他生活在矛盾与分裂当中。

接下来，就轮到我们最熟悉的李白了。

"李白一斗诗百篇，长安市上酒家眠。天子呼来不上船，自称臣是

图15-4 《明唐寅临李公麟饮仙图并书杜诗卷》（局部）

图15-5 《明唐寅临李公麟饮仙图并书杜诗卷》（局部）

酒中仙。"后人根据这四句诗衍生出好多故事,都是讲李白怎么藐视权贵,我行我素,用后来苏东坡的话说:"戏万乘若僚友,视俦列如草芥。"皇帝,他也敢当哥们儿戏耍;同僚,就更不在话下了。

这个观点,其实是高看李白了,把他错认为一个完全超现实的人物。谁揪着自己的头发,都不可能离开地球,李白也一样。他的上进心,他的出将入相、建功立业的抱负,不但不比一般人弱,反倒比一般人强烈得多,也因此,他所遭遇的挫败感也比一般人深切得多。

李阳冰是他的族叔,最了解他。在为他的集子写的序里,就记录了这样一个细节:李白在长安做官的时候,官场同僚前前后后以"谪仙"为题,给他写过几百首诗,这几百首诗几乎都有一个相同的主旨:"多言公之不得意。"也就是说,李白仕途的艰辛,怀才不遇,是人所共知的事实。那么他的醉态,就不光有豪情,不光有浪漫主义,烦闷、痛苦、借酒浇愁也就可想而知了。

《饮中八仙歌》里最后两位,一位是张旭:"张旭三杯草圣传,脱帽露顶王公前,挥毫落纸如云烟。"另一位是焦遂:"焦遂五斗方卓然,高谈雄辩惊四筵。"

写张旭的,突出了他酒后的创作状态。当着王公贵族的面,帽子一摘,头顶一露,很没有"礼貌",但是挥毫泼墨、满纸云烟。焦遂,史料少,我们对这个人不了解,但从诗句看,他大概平时不敢多说话,只有五斗酒下肚,才能无拘无束地挥洒出高谈雄辩、棱角分明的本色。这跟张旭是一样的,平时性子被压抑着,但是借助酒的引爆,活出了自己。

这首《饮中八仙歌》堪称绝唱,因为后世再也没有诗人像杜甫那样,成功打破诗歌的线性叙事，以极富画面感的并列关系呈现出一组人物的生活状态，并同时含有深刻的两面性：一方面，写出了大唐气象，写出了才士们借酒获得的解放与豪情，个个都带仙气；另一方面，又饱含着人生的忧患以及命运之叹。

我想，这也就是它悬隔千百年之后，依然能够深深打动唐伯虎的原因所在吧。

16

从晋人故事到唐人传奇

盛世回响，又见大唐。

大唐贞观二十三年（649）五月二十六日，一代帝王唐太宗李世民即将走向生命的尽头。病榻上，太宗皇帝对身后的国家大事做完安排，如释重负，气息渐微。突然，他像是想起了什么重要的事情，望着侍奉在旁的皇太子李治，声音微弱地说："朕该走了，但想向你求一件东西……你啊，是个孝顺孩子，不会……不会不答应朕的。"李治一听垂危的父亲居然说出个"求"字，吓坏了。他泪流满面，凑近身旁，将耳朵贴到父亲嘴边，只听父亲用尽最后的力气吐出两个字："《兰亭》……"

李治明白，父亲临终之际念念不忘，甚至想带到坟墓里去陪伴他的这件东西，就是东晋大书法家王羲之（图16-1）的名作《兰亭序》。

按理说，唐太宗收藏的王羲之书法数量也不算少，为什么他特别钟爱这件《兰亭序》呢？这还要从王羲之兰亭雅集的故事说起。

东晋穆帝永和九年（353）三月初三，按照当时的风俗，王羲之和他的朋友、子弟等四十一个人，来到会稽山阴兰亭的溪水边举行"修禊"——一种祛除不祥的活动。那一天，天朗气清，惠风和畅，大家把盛满酒的杯盏放在水面上漂流，流到谁的面前，便由谁饮酒作诗。就这样，大家兴致很高，喝了不少酒，也作了许多诗，还打算把这些诗编成一本《兰亭诗集》。诗集的序言由谁来写呢？众人一致认为，大书法家、同时也是文学家的王羲之是最合适的人选。

此时王羲之已经喝得微醉，得到众人推举，兴致大发，略作构思，便拿起一支鼠须笔，在洁白绵密的蚕茧纸上挥毫作书，写下了被后世尊

图16-1 清人绘王羲之像

为"天下第一行书"的《兰亭序》。

这幅《兰亭序》，是王羲之在天时、地利、人和俱备的状态下乘兴写成的，据说王羲之酒醒以后，又重写了很多次，却再也没有比得上这一幅的，可谓书圣的神来之笔。我们也就不难理解，唐太宗为什么那么看重《兰亭序》了。

那么王羲之这幅难得的墨宝，又是怎么到了唐太宗手上的呢？历史上有几种不同的说法，其中最为传奇的，是唐人何延之在《兰亭记》这篇文章中记载的"萧翼赚兰亭"的故事。

"萧翼赚兰亭"的"赚"是哄骗、骗取的意思，说起来，唐太宗得到《兰亭序》的手段可不怎么光彩。

当初《兰亭序》在王家代代相传，隋唐之际，传到了王羲之的第七世孙——大书法家智永禅师的手中。智永禅师过世后，又把《兰亭序》托付给了他的弟子辩才和尚。

唐太宗痴迷王羲之的书法，即位以后，依靠皇权的力量，几乎把全国范围内王羲之的书法遗迹全都搜集到了皇宫内府，却唯独不见这幅最著名的《兰亭序》。

所有线索都指向了智永禅师的弟子辩才和尚。可是唐太宗三番五次地召辩才入宫询问，辩才都坚称《兰亭序》不在自己手里。

唐太宗李世民是什么人？18岁起兵，打出大唐天下的一代雄主，现在得不到《兰亭序》，岂肯善罢甘休？眼看来硬的不行，他就改变策略，谋求智取。这时宰相房玄龄向他推荐了一个人——监察御史萧翼。说这萧翼乃是南朝梁元帝的曾孙，有世家贵族的儒雅气质，见识多、才艺广、有权谋，绝对堪当此任。于是唐太宗交给萧翼几幅王羲之书帖，要他逐步获取辩才和尚的信任，找机会得到《兰亭序》。

经过一番准备，萧翼装扮成一个潦倒的书生，来到辩才和尚所在的寺庙，假装观看壁画，引起了辩才的注意。

辩才这时候已经80多岁了，学问广博，琴棋书画无不精妙，果然，两人一聊就很投缘。辩才邀请萧翼住进僧房，一起下棋、抚琴、谈论文史，越谈越高兴，通宵不眠，相见恨晚。第二天天亮临走的时候，辩才还意犹未尽，叮嘱萧翼有空再来。这样一来二去，两人就成了无话不谈的忘年好友。

有一天，萧翼拿出曾祖父梁元帝的《职贡图》给辩才看，又颇为得意地把唐太宗交给他的几件王羲之书帖拿给辩才欣赏，故意要激起他的好胜心。果然，辩才看后一笑说："这确实是王羲之的墨迹，不过还不够尽善尽美。贫僧有件珍品，那才叫非同寻常。"萧翼忙问是什么。辩才答道："兰亭！"萧翼假装不屑地说："经过多年战乱，这世上早就没有《兰亭》的真迹了，大师您那件也一定是伪作吧！"辩才不服气地说："此乃智永禅师临终托付，岂会有假？明天你就可以看到。"

第二天，萧翼应约来到寺里。辩才和尚支开外人，搭起梯子，从屋梁暗设的机关中取下了珍藏多年的《兰亭序》真迹。萧翼看完，故意表现得毫不在意，坚持说这件《兰亭序》不是真迹，惹得辩才跟他辩论了很久。不过如此一来，老和尚也就放松了警惕，索性把这件《兰亭序》放在案头，时常临习。弟子和童仆们也都把萧翼当熟人，对他丝毫没有防备。

后来，辩才有事儿外出几天，萧翼抓住这个机会，假装来拿忘在辩才房中的东西，顺手牵羊，带走了《兰亭序》。就这样，唐太宗终于如愿以偿。而那位可怜的辩才和尚得知真相，气得当场晕倒，又因为年事已高，一年多以后就去世了。

据《兰亭记》的作者何延之说，这个"萧翼赚兰亭"的故事，是辩才和尚的弟子玄素大师92岁那年亲自跟他讲的。而这个故事在当时肯定不止何延之一个人听说过。

这次辽宁省博物馆"又见大唐"特展上展出的一幅相传为唐代大画家阎立本所作的《萧翼赚兰亭图》（图16-2），就用绘画的形式，再现了这个传奇故事中萧翼与辩才初次相见时的场景。

画面右侧那位安坐在方凳上的书生，两手拱在袖间，右肩微向前倾，目光机敏，面容沉静，像是在仔细倾听着什么。盘腿坐在高背根雕椅上的长眉老僧，右手持法器放在腿上，左手打着手势，布满皱纹的脸上，神色安详而又深不可测。两人相对而坐，正在平静地交谈着。

为什么说这幅画表现的是萧翼与辩才初次相见时的场景呢？答案就在他们身后的几个仆人身上。萧翼身后站着的书童，破衣烂衫，一手在胸前抱紧书包，一手在头上使劲地搔痒，显然是一副初来乍到、风尘仆

图16-2　[唐]阎立本《萧翼赚兰亭图》（传）

仆的样子。辩才身后的两个寺院里的仆人，则忙着烧水烹茶，招待远客。可见，这是二人的初次会面。

这幅画的后边还有明代大书法家文征明和文嘉父子所作的小楷题跋（图 16-3），书法劲挺秀润，正是王羲之一派的小楷书风。文嘉还抄录了长达 2800 字的何延之《兰亭记》全文，对“萧翼赚兰亭”的故事做了详尽叙述。

一幅充满故事的晋人杰作《兰亭序》，一位痴迷书法的大唐皇帝唐太宗，一篇情节曲折的唐人传奇《兰亭记》，一帧面目生动的图画《萧翼赚兰亭》。

从晋人故事到唐人传奇，王羲之的《兰亭序》，以及唐太宗对《兰亭序》书法的痴迷和推崇，深刻影响了唐代以后中国书法艺术的发展，也给后人留下了一段段品评不尽的历史传说。

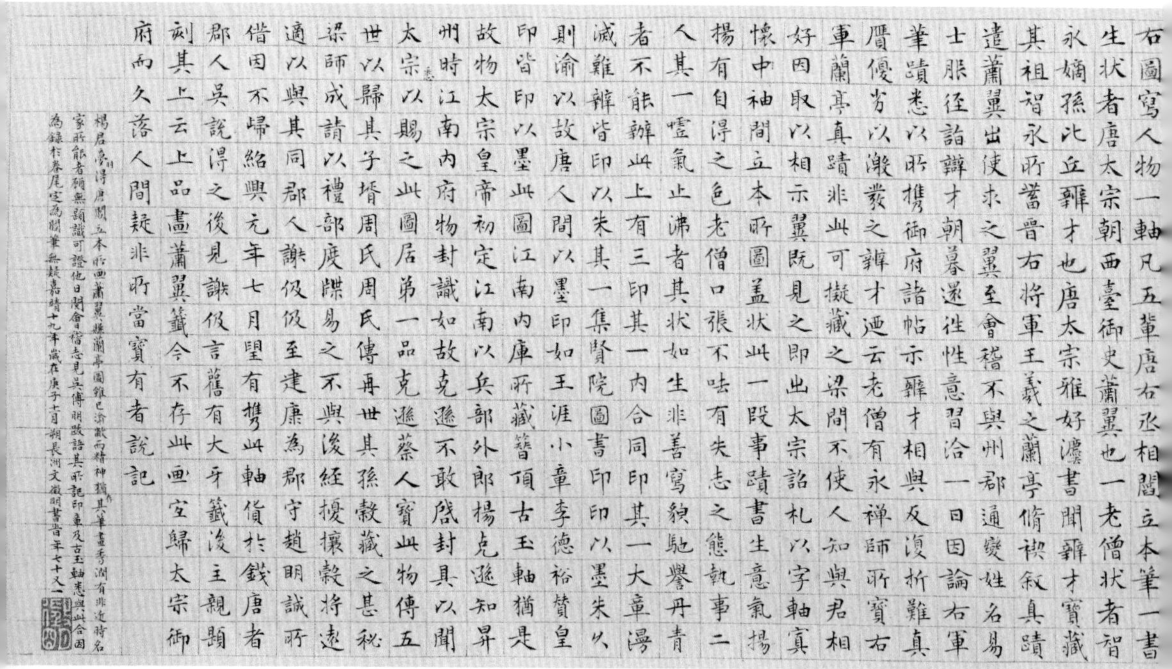
右圖寫人物一軸凡五輩唐右丞相閻立本筆一書生狀者唐太宗朝西臺御史蕭翼也一老僧狀者智永嫡孫比丘辯才也唐太宗雅好法書聞辯才寶藏其祖智永所蓄晉右將軍王羲之蘭亭修禊叙真蹟遣蕭翼出使求之翼至會稽不與州郡通變姓名易士服徑詣辯才朝暮遂往性意習洽一日因論右軍筆蹟悉以所攜御府諸帖示辯才相與反復析難真贋優劣以激發之辯才乃云老僧有永禪師所寶右軍蘭亭真蹟非此可擬藏之梁間不使人知與君相好因取以相示翼既見之即出太宗詔札以字軸真懷中袖出立本所圖蓋狀此一段事蹟書生意氣揚揚有自得之色老僧口張不呿有失志之態執事二人其一噓氣止沸者其狀如生非善寫貌馳譽丹青者不能辨此上有三印其一內合同印其一大章漫滅難辨皆印以朱其一集賢院圖書印印以墨朱久則渝以故唐人間以墨印如王涯小章李德裕贊皇印皆印以墨此圖江南內庫所藏簽頂古玉軸猶是故物太宗皇帝初定江南以兵部外郎楊克遜知昇州時江南內府物封識如故克遜不敢啟封具以聞太宗以賜之此圖居第一品克遜蔡人寶此物傳五世以歸其子壻周氏周氏傳再世其孫毅藏之甚秘梁師成請以禮部度牒易之不與後經擾攘毅將遠適以與其同郡人謝伋伋至建康為郡守趙明誠所借因不歸紹興元年七月望有攜此軸貨於錢唐者郡人吳說得之後見謝伋言舊有大牙籤後主親題刻其上云上品畫蕭翼籤今不存此畫定歸太宗御府而久落人間疑非所當寶有者說記

楊君[illegible]得唐閻立本所畫蕭翼賺蘭亭圖雖已渝敝而精神猶具筆畫秀潤有非近時名家所能者雖無題識可證他日閱會稽志見吳傳朋跋語其所記印章及古玉軸悉與此合因為錄於卷尾定為閻筆無疑嘉靖十九年歲在庚子十月朔長洲文徵明書時年七十又一

图16-3　文征明题跋

17

想象兰亭

盛世回响，又见大唐。

在北京故宫博物院收藏的古代家具中，有一件清乾隆年间制作的木雕插屏（图 17-1）。它通体用紫檀木制成，屏心正面的浮雕上刻着的，是东晋大书法家王羲之和他的朋友、子弟在浙江会稽山阴的兰亭饮酒赋诗、举行雅集盛会的场景。这件插屏虽然只是紫禁城中千千万万件家具之一，但里面却大有玄机。

只要我们把雕刻着兰亭雅集的那面屏心木板向上抽起，就会发现，背后的屏座

图17-1　用于存放兰亭八柱帖的紫檀插屏

图17-2　抽去屏心之后的屏座

中，自上而下嵌有八个小抽屉（图17-2）。抽屉两旁，刻着乾隆皇帝御书的一副对联："叙诗荟美由今昔，临写存真在晋唐。"那么这八个抽屉里面收藏的究竟是什么呢？

要解开这个秘密，还得从唐代第二位皇帝——唐太宗李世民说起。

唐太宗李世民是书圣王羲之的"铁粉"，他不仅派监察御史萧翼从辩才和尚手中骗取了王羲之的名作《兰亭序》，还将《兰亭序》真迹带进了坟墓，陪葬在昭陵。可这样一来，后人不就永远都见不到《兰亭序》的真颜了吗？幸好唐太宗在生前做了准备，让当时的大书法家欧阳询、虞世南、褚遂良，以及宫廷拓书人冯承素、赵模等人对《兰亭序》进行了临写和摹拓，制作出一批高质量的《兰亭序》摹本。这等于用当时顶级的技术，对《兰亭序》做了神形兼备的复制（图17-3）。

这批摹本有些在后世还一直流传着，到了清代，都归入了皇宫内府。后来乾隆皇帝就把存世的虞世南、褚遂良、冯承素临摹的《兰亭序》墨迹，唐代大书法家柳公权写的《兰亭诗》，再加上乾隆自己临摹的《兰亭序》等一共八件兰亭主题的书法作品存放在这件紫檀木雕插屏后的小抽屉里。乾隆还命人把这八件作品刻在了圆明园的八根石柱上，叫作"兰亭八柱"，这八件书法作品也就被合称为"兰亭八柱帖"。

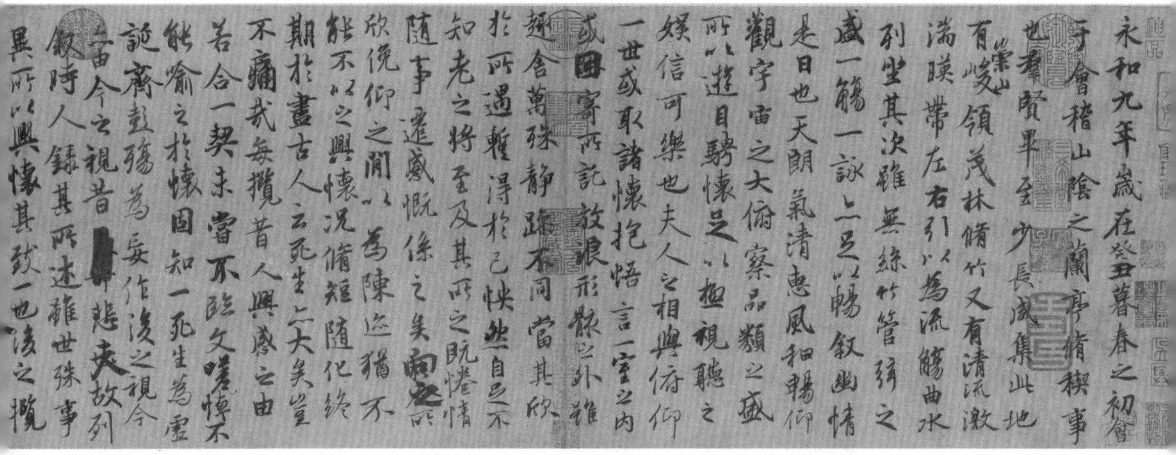

图17-3　[东晋] 王羲之《兰亭序》（冯承素摹本）

就像乾隆皇帝在插屏上的对联中所讲的："临写存真在晋唐。"虽然《兰亭序》是东晋人的作品，可要是没有唐人的临摹复制与传承，后代说不定根本就看不到《兰亭序》的面貌，《兰亭序》也许就不会被如此广泛地学习和推崇了。所以在本次"又见大唐"特展上，"兰亭再现，传承经典"作为一个小专题，集中展示了唐摹本《兰亭序》对后世的深远影响。

这件相传为元代大画家王蒙所作的《修禊图》（图17-4），就表现出后人对兰亭的想象和追寻。

所谓的"修禊"，是农历三月初三这天到水边嬉戏，以祛除不祥的一种传统习俗，也就是兰亭雅集的缘起。画面上，暮春时节，天气晴朗，景色清和。溪流两岸翠竹修长，树林茂密。竹叶和树枝微微摇曳的姿态，使人感到和畅的春风正在吹过。画面的远景，是一片崇山峻岭，但不是北方那种雄伟峻峭的山岭，而是高而不危、峻而不险的江南山色。画面中间，清澈的溪水缓慢而平和地流淌着。溪岸两旁，参加雅集的高士们身着宽袍大袖，三三两两席地而坐，或吟诗，或玄谈，或浅斟低酌，或凝神冥想，自由地抒发着心中的幽情。溪水中，一盏盏酒觞顺水漂流，正是兰亭雅集中"曲水流觞"的游戏。

115

不知老之將至及其所之既倦

情隨事遷感慨係之矣向之所

欣俛仰之間以為陳迹猶不

能不以之興懷況脩短隨化終

期於盡古人云死生亦大矣豈

不痛哉每攬昔人興感之由

若合一契未嘗不臨文嗟悼不

能喻之於懷固知一死生為虛

誕齊彭殤為妄作後之視今

亦由今之視昔　悲夫故列

叙時人錄其所述雖世殊事

異所以興其致一也後之攬

者亦將有感於斯文

戊寅三月上浣晉昌唐寅書

116

图17-4 [元] 王蒙《修禊图》（传）

永和九年歲在癸丑暮春之初會
于會稽山陰之蘭亭脩禊事
也羣賢畢至少長咸集此地
有崇山峻領茂林脩竹又有清流激
湍暎帶左右引以為流觴曲水
列坐其次雖無絲竹管絃之
盛一觴一詠亦足以暢敘幽情
是日也天朗氣清惠風和暢仰
觀宇宙之大俯察品類之盛
所以遊目騁懷足以極視聽之
娛信可樂也夫人之相與俯仰
一世或取諸懷抱悟言一室之內
或因寄所託放浪形骸之外雖

图17-5 [明] 唐寅书《兰亭序》

117

这幅画纯用水墨，不着颜色，笔致松秀，墨色淡雅，很能体现元人水墨山水画的特点。而画后由明代"江南四大才子"之一的唐寅书写的《兰亭序》全文（图17-5），更是深得唐摹本《兰亭序》书法的神韵。一边读着唐寅书写的《兰亭序》文字，一边欣赏着画面上雅集的情景，真使人有身临其境、走入画中的感觉。

无独有偶，与唐寅并称明代"江南四大才子"的其他两位——文征明和祝允明，也合作过一幅兰亭题材的诗书合璧的佳作。

这幅书画一体的卷轴名为《明祝允明书兰亭序文征明补图卷》（图17-8）。顾名思义，是祝允明先书写了《兰亭序》的全文，文征明见到后大为赞赏，便补作了这幅《兰亭雅集图》。

祝允明的书法，以广泛取法前人、不主一家而著称。他所写的这幅《兰

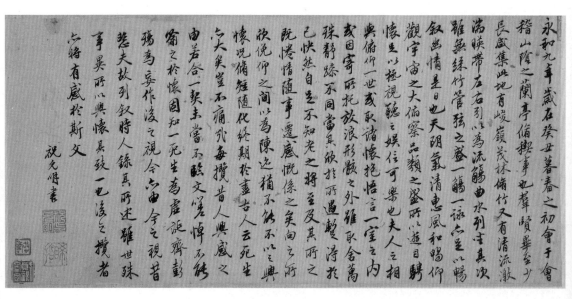

图17-6　[明] 祝允明书《兰亭序》

亭序》（图 17-6），一气呵成，淋漓酣畅，笔墨特别有神采。虽然一眼看去，书法风格明显受到唐摹本《兰亭序》的影响，但又不完全从王羲之的书法中来。

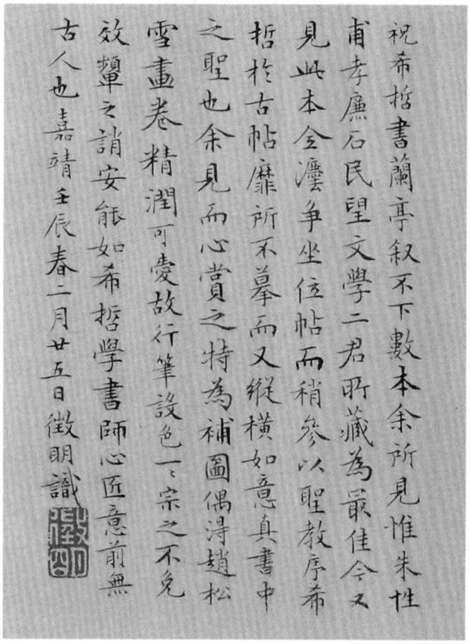

文征明见到这幅《兰亭序》后，写了一篇题跋（图 17-7），其中说，祝允明这幅字，学的是颜真卿的行书名作《争座位帖》的笔法，又稍稍掺入了唐代《集王羲之圣教序碑》的笔意。这等于一语道破了这件书法的取法来源，不愧是祝允明的知音。

图 17-7　文征明题跋

文征明又说："余见而心赏之，特为补图。"就是说他在看到祝允明的《兰亭序》书法以后，心里特别喜欢，产生了深深的艺术共鸣，于是专为祝允明的书法补作了一幅《兰亭雅集图》。

文征明的这幅画与咱们刚才介绍的《修禊图》相比，虽然同样是描绘兰亭雅集，却存在着明显的不同。

在文征明的画中，镜头好像被拉近了。溪流对岸的山岭，在画面中只露出一面峭壁，中间隔着氤氲的云气，高不见顶。雅集的地点环境显得更加悠远深邃，远离尘嚣。

画面采用小青绿设色，秀润淡雅、清新明丽，既不暗淡沉闷，也不艳俗浮躁，处处透出一股优雅和文气，使观者在不知不觉中受到熏陶与净化。

在文征明笔下，兰亭雅集的活动更加丰富，高士们的神情也更加生

动，更富有人情味了。他们有的拄着长长的拐杖，在石桥边漫步交谈；有的伫立在竹林的阴凉下，欣赏品评着刚刚写成的诗篇；有的赏花，有的下棋，有的读书，有的观景；有的相聚私语，有的放声吟唱；有的怀抱阮琴，弹奏起悠扬的乐曲；有的把袖伸手，去取溪流中漂来的酒觞。

再看那些跟随高士们前来的小书童，此时也无拘无束，活泼生动。在参加雅集的路上，一个抱琴的和一个挑担的书童半道相遇，询问着彼此的姓名；溪流两岸，书童们急着用长竿从水中拨取酒觞，也许想趁主人不注意偷偷尝尝滋味；而在两株枝叶茂密的大树下，两个忠实的小童子正忙着扇扇烧水，给主人和他的朋友们添上一盏清香的春茶。

整幅画面的中心人物，是王羲之。他身穿淡红色的衣袍，和两位朋友一起，坐在水中搭建的一处茅草亭中。此时王羲之已经铺好了纸、蘸好了墨，正在一边构思、一边书写那篇千古名作《兰亭序》。而在茅草亭边的溪水中，两只他最喜欢的白鹅正相向而鸣，并排游过。

图17-8　《明祝允明书兰亭序文征明补图卷》

如果说《修禊图》中的兰亭雅集还有些清冷的、隐逸的气息，那么文征明想象中的兰亭盛会，则增加了世俗的、生活的趣味。也许在现实中，文征明和他的朋友们曾经真的在姑苏城外，风景明丽的山水之间，举行过这样一次雅集吧！

"叙诗荟美由今昔，临写存真在晋唐。"

一篇《兰亭序》，晋人留下了它的书写印迹，唐人造就了它的不朽声名，而后人则把自己对于兰亭的想象寄托在一件件精彩的书画之中，向这一晋唐相承、延绵不绝的文化传统，进行着一次次回望与致敬。

121

18

《万岁通天帖》：一个文化家族的尺度

盛世回响，又见大唐。

您听说过一个叫项元汴的收藏家吗？明朝人。

大多数朋友可能都不知道。

那我换个问法：您知道在中国古代书画上盖章盖得最多的人是谁吗？

有朋友犯糊涂了：不是清朝的乾隆皇帝吗？

错，不是乾隆，别看他也喜欢在书画上盖章，看一遍，盖几个，反复看，反复盖，感觉好些名作上净剩他的章了。但是经过统计，乾隆盖章的疯狂程度，还真比不上咱们提到的这位项元汴。

《兰亭序》知道吧？天下第一行书！最出名的"神龙本"，被这位老兄盖了 50 多枚章；另一件褚遂良摹本上，整整被他盖了 98 枚章；还有怀素的《自叙帖》，70 多枚。反正捡上点儿空就盖，每一枚章都

图18-1 项元汴常用的"天籁阁"印

铭刻着他摩挲欣赏的印记，经常挤兑得乾隆爷没地方盖。

后人一看，好些古代书画连字儿上、留白上也被乾隆盖了章，都骂他，其实万岁爷心里苦啊，咋这项元汴早生了近两百年，偏又跟朕同一个爱好呢？

明朝中后期，江南地区富甲天下，老项家经营当铺，又多田产，有充分的条件搞收藏，再加上项元汴自己就工书善画，眼睛毒，所以流落到江南的好东西，十有八九都成了他的收藏。除了刚刚提到的几件，像顾恺之的《女史箴图》、韩滉的《五牛图》、李白的《上阳台帖》、苏东坡的《阳羡帖》、赵孟𫖯的手书《心经》《鹊华秋色图》等国宝，当年可都是收藏在他的书斋"天籁阁"里的。

明末清初，这批东西在战火中流出了项家，后来有些进入了紫禁城。

民国年间，一位叫翁同文的年轻学者在故宫博物院整理库房时，发现有2190多件古代书画上，都盖着同一枚印章"天籁阁"，这是项元汴收藏的主要标志。据《故宫书画录》统计，当年宫里总共的收藏，也就4600多件。也就是说，项元汴一个人，在古代书画领域，就收藏了半个故宫。

大神级的收藏家啊，其实力与眼光，该是如何了得！

不过老话怎么讲来着？"智者千虑，必有一失。"项元汴眼睛再毒，也有打眼的时候。

而且那次纯属意外，都是他自己作的。

怎么回事呢？咱们还得从头说起。

项元汴对王羲之有执念，总想收到王羲之的真迹。这也难怪，"书圣"嘛，从东晋到晚明，毕竟也一千两三百年了。

但这里边有个问题，什么叫真迹？废话！作者亲笔写的呗。好，问题来了。

王羲之40多岁的时候，书法就名满天下了，好些人开始收他的字。他写的文章，他打的草稿，他给朋友的书信，甚至随手一张便条，都变得金贵起来。但是王羲之究竟写过多少东西，没有一个大概的统计。

而且由于他名气太大，从公元5世纪前期，南朝刘宋的时候，市面上就开始有人伪造他的书法骗钱，此时距离他去世才不过五六十年。

史籍记载，南朝宋武帝的侄子，被封为新渝侯的刘义宗，重金收购王羲之字帖，不计成本，就有"轻薄之徒，锐意摹学"。造假的手段都留下来了，"以茅屋漏汁染变纸色，加以劳辱，使类久书"。啥意思？就是用屋檐下滴答的脏水来改变纸张的颜色，并且可劲儿造，使它看上去有年代感。您还别说，这样搞出的东西，旁人难辨真伪。甭看刘义宗贵为侯爷，又花了大价钱，照样收了好些这样的赝品。

赝品增加的同时，真品却在不断减少。

比如王羲之的小舅子死了，就拿他姐夫的字帖殉葬。

比如东晋末年，把持朝政的桓玄兵败被杀，临死以前，把自己收藏的大量王羲之父子墨迹投进了江里。

最要命的是梁元帝萧绎。这个人文化程度高，痴迷藏书。但当西魏军队兵临城下，眼瞅着城破、政权不保的时候，他崩溃了，叹息道："朕一辈子读万卷书，没想到也有今日。"下令把自己毕生收藏和继承下来的皇室图书，总数超过14万卷，一把火全烧了。那里边，您知道有多少王羲之父子的书帖吗？仅从他爹梁武帝那里弄来的，就有767卷之多，每一卷都包含若干张。这些都是梁武帝当年搜访天下得到的精品，用最名贵的织锦装裱，卷轴都是珊瑚的。

这次大焚书，造成的破坏太严重了。

到了唐朝，人们开始苦心孤诣地重新搜求、恢复前代图书，最终，也不过 8 万卷。唐太宗李世民那么喜欢王羲之书法，举全国之力，甚至像《萧翼赚兰亭图》里反映的那样，下三路手段都用上了，搞来搞去，所得也没有梁武帝当年的一半多。

这么下去不行啊，唐人一想，往后日子还长，谁能准保这批东西无灾无难地一直传下去？

于是他们开始做一件事，由皇家立项，挑选里边的精品，有计划地进行复制。

当时没有影印技术，全靠人力，具体怎么办呢？

最好的一个办法，叫"双勾填墨"。找一间比较暗的屋子，把原作挂在透光的窗户上，然后用很薄的纸覆盖在上面。像咱们今天描红一样，先把原作上字迹的边框勾下来，再在边框里填墨。这样复制出来的作品，又被称为"影书"或者"响拓"。高手操作，能惟妙惟肖，"下真迹一等"；庸手操作，能做到形似，缺少一部分神韵。

不管怎么说吧，用这个法子，一件东西成了两件，两件就成了四件，影响力和保存下来的可能性也就大大增加了。

果不其然，唐太宗贞观年间，内府搜集的王羲之书帖，按单张算，真真假假，总数还有大概 3000 件。到了北宋宣和年间，就只剩下 243 件了，经历过"靖康之难"，等宋高宗在杭州建立起南宋，据他写的《翰墨志》里讲，这批东西一件都不剩了。

所以唐朝人当年用"双勾填墨"法做的摹本，就显得无比珍贵。

启功先生有句话，传世的王羲之书法就分两类：一类是木板或者石刻的碑帖，一类是唐人制作的"双勾填墨"本。除此以外，王羲之亲笔

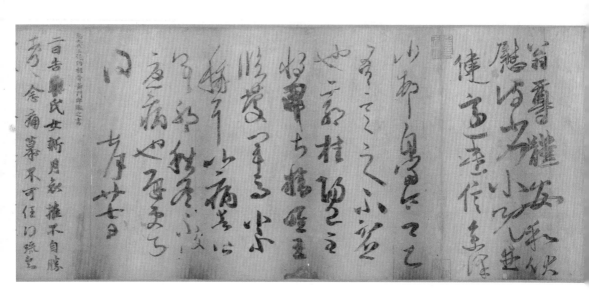

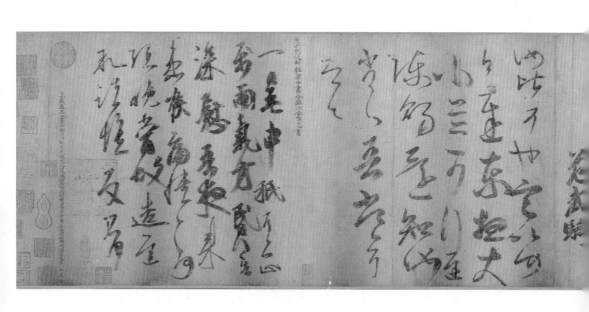

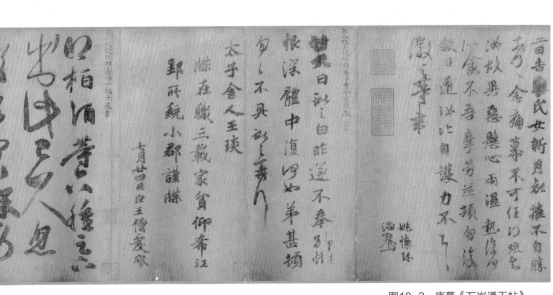

图18-2　唐摹《万岁通天帖》

手写的原作，北宋时也就只剩几件，后来一件也没有传下来。

2010 年，嘉德秋拍上，王羲之的《平安帖》，一本书那么大，四行，41 个字，卖了多少钱呢？3.08 亿元人民币，平均一个字将近 800 万元。那件《平安帖》也是摹本。

可今人这么看重，不代表明朝人也都这么看重。

比如项元汴，脑子里就总有个执念，摹的毕竟是摹的，跟真的总隔着一层。他就不相信偌大中国，找不出一件书圣真迹来。

他前前后后收过王羲之 10 件书帖，其中两件，据当时人鉴定，是真迹。比如《瞻近帖》，大画家董其昌看过，说没错，王羲之亲笔！有这一句话，东西就被炒成了天价，花了项元汴 2000 金。那位说你怎么知道 2000 金是天价呀？哎，一对比就清楚了。

项元汴有个习惯，这东西花了多少钱，他直接拿笔标在上边。《瞻近帖》他标 2000 金；苏东坡的《阳羡帖》，标 80 金；赵孟頫的《老子道德经卷》还配一幅老子画像，合起来 70 金；怀素的《自叙帖》，唐代草书的顶级之作，价钱第二高，1000 金，跟《瞻近帖》比还差一半呢。由此可见明代收藏家对所谓王羲之"真迹"的痴迷程度。

人哪，一痴迷，脑子就容易发昏，要不怎么说他打眼了呢？

项元汴本来收了一件特别好的东西，就是这次辽宁省博物馆"又见大唐"特展上展出的唐摹《万岁通天帖》。

"万岁通天"是女皇帝武则天的年号。公元 697 年，武则天向王羲之的后人、凤阁侍郎王方庆征求书圣墨迹。王方庆回奏说：原先自家有祖传的王羲之书帖 40 多件，后来太宗皇帝要，就都献上去了，只留了一卷。您要是喜欢，我就把我们老王家从十一世祖王导开始，包括十世祖王羲之、九世祖王献之在内的，九代二十八位先人的书法集，总共十卷，统统献给您。

武则天听了很感动，也很高兴，特意在宫里办大展，召集百官来看，又让中书舍人崔融把这件盛事记录下来，同时重赏王方庆，很是热闹了一番。

过后，女皇帝琢磨，毕竟是人家列祖列宗的传家宝，在人家家里有特殊的意义，就这么归了我了，不合适啊。于是令人摹写复制了一套，留在宫内欣赏，原件依旧还给王家，还不白还，拿顶级的材料重新装裱，以示珍重。

这件事皆大欢喜，可惜后来王方庆的儿孙不争气，没能把原件传下来。宫里那套，经历过一千多年的流转，也已经残缺不全了，原先十卷二十八个人的书帖，如今我们在辽宁省博物馆里看到的，只剩下一卷七个人的。

七个人，十通书帖，分别是王羲之的《姨母帖》《初月帖》；王荟的《疖肿帖》《翁尊体帖》；王徽之的《新月帖》；王献之的《廿九日帖》；王僧虔的《太子舍人帖》；王慈的《柏酒帖》《汝比帖》；王志的《喉痛帖》。最后，落着"万岁通天二年四月三日……琅琊县开国男、臣王方庆进呈原迹"的落款。

一个细节：武则天颁布过十几个新体汉字，落款里，"天""年""月""日""国""臣"的写法，都用了新体，比如"国"字就是一个方框套着个"八方"。

魏晋时期，文人之间彼此通信，内容比较简短，类似于今天的微信，只不过写在纸上或者绢上，被称作"帖"。比如《万岁通天帖》里第一帖，是王羲之的《姨母帖》，表达获知姨母去世的噩耗之后，自己"哀痛摧剥"，整个人都要被痛苦撕裂了。42个字，连用了 4 次"顿首"，连叹了两次"奈何"。笔画非常凝重，行书中有隶书的味道，风格明显不同于《兰亭序》，是独一无二的书圣早期之作。

总之，《万岁通天帖》得益于一代女皇的提议，保留了一个赫赫有名的文化家族两百年间书风延续、文脉相承的轨迹，其艺术价值、历史价值都无比珍贵。

就是这么一件精品中的精品，到了大收藏家项元汴手上，您猜怎么着？他嫌买贵了，后悔了。

多贵呀？其实连那件他认为"真迹"的《瞻近帖》的一半都没到。

这里要补充一句，咱们今天见的《万岁通天帖》，只剩七个人十通帖了，可在明代，恐怕比这个要多，因为后来清嘉庆年间，这件东西遭遇过一场乾清宫大火。

还要补充一句，尽管明朝人断定哪个帖哪个帖是真迹，是王羲之的亲笔，可但凡传到今天的，经文物部门鉴定，全是后人的摹本。

可在当时，受所谓"真迹情结"影响，项元汴心里就是转不过这个弯儿来，就是觉得亏大发了，让人给忽悠了，怎么想怎么窝火，怎么瞅怎么别扭。后来发展到什么程度？"忧形于色，罢饭不啖"，整个人都不好了，饭都吃不下去。从这个事儿里，也暴露出这位大收藏家的短板，心胸还是不够开阔，境界也终究差着那么一层。

这件事后来让他哥哥知道了。项元汴的哥哥叫项笃寿，也玩收藏，不过远没有弟弟玩那么大，但在这个事儿里，却表现出高于弟弟的格局和眼光。他说你钱都花了还添堵，何必呢？干脆，东西让给我了，多少钱，我一文不少补给你！

就这样，《万岁通天帖》成了项笃寿的收藏。他是真爱这帖啊，嘱咐儿孙，一定好生传家。

朱彝尊，清康熙年间的著名学者、诗人，跟项家沾点儿远亲，他姑奶奶嫁给了项笃寿的孙子。明清异代之际，天崩地裂，朱彝尊那会儿才十几岁，跟着姑奶奶逃难，眼见老人身边啥值钱东西都没有了，只把《万岁通天帖》藏在枕头里，日夜不离，"乱定，依然完好"。朱彝尊也因此得以经常观览，受到了深刻的启迪。

再后来，老人去世，儿孙们终究没能守住，将它转卖他人。朱彝尊回想起来，直感慨："过眼云烟，不复再睹矣。"

清朝中叶，《万岁通天帖》进了紫禁城，并在乾清宫大火的时候差点儿化为灰烬，今天咱们还能在修补过的纸本上，看到火烧的痕迹。

晚清民国，风雨飘摇，已经下台的末代皇帝溥仪为防万一，开始以"赏赐"的名义往宫外倒腾东西，包括《万岁通天帖》在内的大批国宝后来都进了长春的伪满皇宫。

日本战败投降之后，这批国宝流入民间，成为各地古玩商争夺的对象，《万岁通天帖》在这场大流散中被国民党吉林省主席郑洞国将军购藏。

1948年，郑将军在长春起义，并将手中包括《万岁通天帖》在内的五件书画珍品上交。

十几年以后，将军跟时任文化部文物局长的郑振铎先生提及此事，郑振铎赶忙联系查找，终于在沈阳军区一堆作战地图里，把《万岁通天帖》又翻了出来。

国之重宝，从此定居辽博，为我们永远留存着优雅而隐秘的晋人风度，也延续着唐人成就的文化盛举。

玄秘塔碑銘并序

南西道都團

練觀察處置

等使朝散大

唐故左街僧錄内供奉□一教談論引賀大德安國寺上座賜紫大達法師

19

昭陵六骏：英雄主义的颂歌（上）

盛世回响，又见大唐。

在今天陕西省礼泉县东北 20 多公里的地方，有一座高大的九嵕山，"昭陵"（图 19-1）就位于此山，里面长眠着文韬武略的一代明君——唐太宗李世民。

许多年前，我还在读中学，有一次跟家人去观光。当时那里还不是成熟的景区，路很难走，几乎没有别的游客。我一个人冲在最前面，一口气冲上了山顶。那天天气很好，阳光洒下来，关中大地沐浴着一片金黄。真是"一览众山小"的终生难忘的体验，周围无数山头、高地，全都匍匐在九嵕山下。巍巍九嵕好像一位雍容而威严的皇帝，安享着众星拱卫、万国来朝。

后来我才知道，那些山头、高地，原来是一百七八十座陪葬墓，墓主人除了妃嫔、王子和公主，都是李唐的开国元勋、砥柱重臣，每个人都是一部传奇。

再后来，在西安碑林博物馆的石刻展厅，我与"昭陵六骏"迎面相遇。太宗的气魄、大唐的风骨、盛世的精神，仿佛都被浓缩进了这六匹浮雕战马。矗立的，有一种威仪；漫步的，有一派矫健；奔腾的，有一股所向披靡的生命力。

公元 636 年，已经做了 10 年皇帝的唐太宗李世民在下令修建昭陵的同时，颁布了一道诏书，要求将伴随自己打天下、一同出生入死的六匹战马，刻成图像、标注名称，安置在陵墓两侧。

图19-1　陕西省礼泉县 唐太宗昭陵

下诏书的时候，这六匹马早已死去多年。确切地说，它们是在公元618年到公元622年的4年间，李世民还是秦王那会儿，所亲率部队、冲锋陷阵的六场恶战中阵亡的。

大唐帝国开基创业的每一块砖瓦，背后都是九死一生的斗争。马，悲壮地死去；人，幸运地活着；但是人与马肝胆相照、生死相依的英雄的故事，也是一个王朝从无到有、苦难辉煌的奋斗的历程，太宗皇帝希望传下去，传到子子孙孙如数家珍、永远铭记。

这样一种崇高的祈盼，这样一份隆重的情感，这样一次堪称立国精神的思想淬炼，当然要配得上它们的帝国最高艺术水准来完成。不出手则已，一出手一定是典范，一定绝无仅有，一定成为永恒的纪念碑。

这个任务落在了阎立本和阎立德弟兄的肩头。据说，天才画家阎立本精心绘制了图样；他的兄长、主持过无数皇家重大工程的阎立德把它安排、转刻到石屏上；太宗皇帝亲笔为每一匹战马赐名、作诗，用古雅的四个字四个字的《诗经》体描摹它们的风采、褒扬它们的功勋；最后，请大书法家欧阳询抄誊一遍，镌刻于石雕旁。所以，昭陵六骏，实在是集中了大唐帝国最伟大的政治家、画家、书法家和工艺家的最伟大的文化结晶。诗、书、画、刻四绝，前无古人、后无来者。

不过单看这些马的名字，我们恐怕会比较陌生，甚至读着还不太顺口，因为它们是用汉字标注的中亚语音。这些马，全部是阿拉伯种，来自遥远的西域。

让我们按照昭陵两侧原本的摆放顺序，读一遍它们的名字，西侧是飒露紫、拳毛䯄、白蹄乌，东侧是特勒骠、青骓、什伐赤。

您可能会首先注意到飒露紫（图 19-2），因为只有它是立定的，面前还站着一个人。

"飒露"是突厥的荣誉性称号，专门授予勇士，有点像清宫戏里看到的比武获胜的那个大力士，被人们称为"巴图鲁"。

"飒露紫"，顾名思义，就是勇士的紫色骏马。唐高祖武德四年，公元 621 年，秦王李世民骑着它征讨盘踞洛阳的王世充，双方在邙山会战。这一仗特别险恶，李世民差点牺牲。《旧唐书》里详细记述了这场充满戏剧性的战斗：

当时李世民还年轻气盛，所以做了一件只有年轻气盛的英雄才会做的事——只带数十骑骑兵冲入敌阵，用意是探一探对方的虚实。果然，

图19-2 昭陵六骏 飒露紫

137

刚开始非常顺利，敌人完全没有防备，唐军一路冲杀，势如破竹，根本没有遇到有效的阻挡。

但是杀着杀着，乱军之中，李世民跟随从杀散了，身边只剩下一个叫丘行恭的将领还在。就在这时，像小说里的情节一样，前面闪出一道长堤拦住了李世民的去路；身后，又有敌军的大部队追来，乱箭射中了他的战马。眼看这位少年英雄就要冲不出去了，性命恐怕就此交待。

千钧一发之际，谁也没想到，丘行恭如战神附体，回身频频反射，箭无虚发，压住了敌军的势头。然后从容下马，为飒露紫拔箭，并把自己的马让给李世民骑。他徒步提刀，连斩数人，杀出了一条血路，掩护少主突出重围。石刻浮雕上，表现的正是丘行恭下马拔箭这动人心弦的一刻。

身着战袍、腰配羽箭、头戴兜鍪的丘将军沉着镇定，一只粗大的手小心握住箭杆，做尽力一拔前的蓄势。马的四肢挺立、肌肉绷紧、身躯微微向后，似乎在忍受着难言的剧痛，并且以极大的坚毅、温顺，与救护它的勇士配合。

一人一马，头抵着头，眼对着眼，危急存亡关头，彼此依偎，不禁令人想起杜甫咏马的名句："所向无空阔，真堪托死生。"这份生死相托，是人与马之间一切情感的至高写照与最深表达。

"拳毛䯄"是一匹浑身卷毛的黑嘴黄马，是代州刺史许洛仁在武牢关前进献给李世民的坐骑。后来许洛仁也作为功臣得以陪葬昭陵，墓碑上就记着那次献马的事。

传统的相马术认为，马长卷毛是不好的，是劣马、丑马，但李世民偏不信这个邪，表现出过人的识才眼光。这匹拳毛䯄后来果然在他与河北军阀刘黑闼的决战中立下大功。

20

昭陵六骏：英雄主义的颂歌（中）

盛世回响，又见大唐。

在隋末唐初的群雄割据中，刘黑闼是一匹半路杀出的黑马。

他原本是另一位起义军领袖窦建德的部将，窦建德被唐军消灭以后，老部下们要么归降，要么退隐。刘黑闼原本已经解甲归田了，但是由于唐军没有把原河北地区的关系理顺，又激起当地人的反叛。这次，大家推举刘黑闼领头，攻城略地，只用半年光景，就全部恢复了窦建德早先打下的地盘。

唐高祖武德五年（622）正月，刘黑闼自立为汉东王，年号"天造"，正式与李唐逐鹿中原。

三月，李世民与刘黑闼在今天河北曲周一带决战。

事先，李世民命人堵住洺水上游，专等刘黑闼的两万大军渡河的时候，决堤放水。此举果然有效，刘黑闼的部队最终被唐军击溃。

这场战争在史书中被当作李世民用兵如神的例证，只记大略，不记

图20-1 昭陵六骏 拳毛䯄

图20-2 昭陵六骏 白蹄乌

细节。但从他当时骑乘的这匹拳毛䯄（图20-1）身上，我们依然能感受到双方殊死搏斗、胜败呼吸之间的残酷。

拳毛䯄身中九箭，一箭当胸射入，两箭插入脖子和肩膀，三箭在背，三箭在后。横七竖八，表明敌军的阵线很长，这匹骏马驮着主人左冲右突，承受着各方流矢。九箭中，若有任意一箭射倒这匹马，恐怕就没有后来的千古一帝了。

我想，人到中年的太宗回忆起这段往事，一定也会思绪翻滚、百感交集吧。

拳毛䯄终于没有挺过这九箭之伤，战斗结束便死去了；但它又终于挺住了这九箭之伤，确保主人安然无恙。

所以唐人在塑造它的时候，特意将它塑造得雄强剽悍，身中九箭仍然昂首阔步、坚定向前，展现出一种不屈不挠的精神！杜甫在诗中也特

140

别提到："昔日太宗拳毛骢，近时郭家狮子花。"将它与平定安史之乱中郭子仪的坐骑"狮子花"并列，作为唐代战马的代表。

六骏中的第三骏——"白蹄乌"（图20-2），是李世民征讨西北军阀薛仁杲时的坐骑。许多人以为白蹄乌嘛，是一匹四蹄雪白的黑马，其实"白蹄"在突厥语中是"少汗"的意思，也属于荣誉性称号。

公元618年，唐军初到关中、立足未稳，薛仁杲父子乘机割据了今天甘肃地区的兰州天水一线，兵锋直指长安。李世民与之僵持了两月有余，然后出其不意，集中优势兵力，杀入敌阵，打得薛军大败。

为了不给敌人喘息之机，他催动白蹄乌，亲率两千精锐骑兵，昼夜急行军二百多里，将薛军残部包围，迫使薛仁杲投降，一战稳定了唐朝的关陇后方。

李世民后来对"白蹄乌"的评价是"倚天长剑，追风骏足"。石刻中的"白蹄乌"也是这样四蹄腾空、一往无前的造型。

图20-3　3D复原的北司马门

刚刚介绍了昭陵六骏中西面三骏的故事：飒露紫、拳毛䯄和白蹄乌。

"西面""东面"这样的站位，今天已经看不到了。因为昭陵原本有地表建筑，仿照长安城的布局，周围一圈城墙，南边朱雀门，北边玄武门，玄武门内还有举行重大祭奠仪式的北司马门（图20-3），昭陵六骏最早就摆放在那里。所谓"西面"和"东面"，就是以北司马门为坐标划分的。可惜千年之后，所有地表建筑荡然无存，只留下了早年间习惯的称呼。

东面第一骏，名为"特勒骠"（图20-4），是一匹毛色黄白的战马。这种马在古代被称作"骠"，评书戏曲里，秦琼卖马所卖的黄骠马，也是这副模样。

"特勒"两个字不好理解，有学者考证，恐怕是《唐书》误把"特勒"

图20-4　昭陵六骏　特勒骠

写成了"特勒"。"特勒"是突厥语，为回鹘可汗子弟的官衔，这匹马很可能是由这样一位可汗子弟进献的。

唐高祖武德二年，即公元 619 年，刚入关中不久的李唐政权后院起火，遭遇了一场不小的危机。受突厥人支持的刘武周政权自山西北部崛起，挥师南下，包围了太原。当年李渊被封太原留守，就是从这里发家的，所以把太原视为根基，派自己的四儿子李元吉领重兵把守。

谁知事到临头，李元吉完全不中用。不但不中用，还缺德带冒烟，欺骗手下将领说："你们带老弱守城，我亲率强兵出战！"实际上，他当晚趁着夜色，拖家带口逃奔长安去了。这件事迅速引发连锁反应，不但太原丢了，沿途州郡也相继反叛，黄河以东地区大部不为唐朝所有了。

危急时刻，李世民请缨出战，强渡黄河，连挫刘武周前锋。在与刘武周手下第一猛将宋金刚的决战中，李世民骑着特勒骠，昼夜急行二百里，一路追击。在山西介休与霍县之间的雀鼠谷，一日之内连打八场硬仗，俘虏了宋金刚所部数万人。

为了这场追击战，李世民两天不曾吃饭，整整三天人未解甲、马没卸鞍。终于彻底收复了河东失地，迫使刘武周和宋金刚流亡突厥。

事后，李世民对特勒骠高度赞誉，为它题写的赞词是："应策腾空，承声半汉；天险摧敌，乘危济难。"

请注意，石屏上这匹马的步态非常特别，两条左腿完全抬起，身体的平衡只靠右腿支撑。这样顺拐的走法据说有一个好处，马背上的骑手只会感到左右晃动，而没有上下颠簸。

一般马根本做不了这个动作，这是训练有素的西域"汗血宝马"的标志。仔细观察那尊著名的雕塑——"马踏飞燕"，也是同样的顺拐姿态。

21

昭陵六骏：英雄主义的颂歌（下）

盛世回响，又见大唐。

您也许注意到了，昭陵六骏中有三骏都被塑造成为脚不沾地的飞奔造型：白蹄乌、青骓和什伐赤。

这三匹马都因为善于奔跑而立下战功，所以当年的设计者特别抓取了它们最富动感的一瞬。

杜甫有句诗形容得特别好，叫"竹批双耳峻，风入四蹄轻"。

如何评判一匹马的优劣？他提出的标准是：首先，耳朵要像用刀斜劈斩断的竹筒，小小的、尖尖的、支棱着，昭陵六骏便都是这样的。这也是古代农书《齐民要术》里提供的相马经验，总之，肥头大耳的不行。

其次，要考量马的奔跑速度。杜甫用了一个诗意的描述，他没有直接去写马凌空而起、虎虎生风；而是把主客关系倒过来，写成风主动地从奔跑的马蹄间呼啸而过，倒灌进马飞腾的身姿里，就像白蹄乌、青骓和什伐赤那样。

图21-1 昭陵六骏 青骓

"青骓"（图21-1），是一匹苍白杂色的马。许多人看它的名字，还以为是匹大青马，其实这里的"青"不是指颜色，而是"大秦"的谐音，当时泛指以东罗马帝国为代表的西方世界。

这匹马是李世民与咱们前面提到过的河北起义军领袖窦建德决战时的坐骑。唐军挥师洛阳，来打割据此地的王世充，窦建德站在王世充一边，领兵十余万、号称三十万来救，双方在今天河南荥阳一带展开决战。

窦建德全力发动进攻，摆开二十里长阵。李世民以逸待劳、坚守不出，待到窦建德人困马乏、士卒争相饮水之际，突然发起冲锋。说时迟那时快，打得窦建德措手不及，战败受伤，并在后撤的路上被唐军俘虏。

这场大战下来，青骓身中五箭，其中有四箭射在后部。

一匹马向前冲锋，却后部受伤，说明它的速度极快，追风逐电，以

图21-2 昭陵六骏 什伐赤

致迎面射来的箭全射在屁股上。所以从青骓奔跑的造型,我们可以印证李世民对它的赞语:"足轻电影,神发天机;策兹飞练,定我戎衣。"说它像闪电、像神箭、像猝不及防的光影、像飞出的白练,骑着它,可以无坚不摧!无往不胜!

六骏中的最后一骏:"什伐赤"(图21-2),是一匹红色的马。

"什伐",根据日本学者考证,是波斯语"阿湿婆"的缩译,也就是"马"的意思。这匹马跟前面讲的青骓还有飒露紫,实际上参加的是同一场战役,也就是武德四年(621),在今河南地区,与王世充、窦建德两大集团的决战。

那场大决战相当惨烈,李世民连折三匹宝马。飒露紫被当胸射入一箭,什伐赤和青骓都身中五箭。但这也是李唐王朝开基创业的关键一战,

146

从此廓清障碍；统一中原，只在指掌之间。

从公元 618 年，骑着白蹄乌征讨薛仁杲；到公元 622 年，骑着拳毛
䯄与刘黑闼决战，昭陵六骏，陪伴了秦王李世民 4 年的浴血生涯。

20 岁到 24 岁，当年的李世民差不多相当于今天一个大学生的年龄。
血与火的斗争磨砺了他的意志，六骏帮他成就了传奇。

因此，昭陵六骏完全不同于一般意义上摆在帝王陵墓前壮声势、助
威仪的鞍马瑞兽。20 世纪初，鲁迅先生在西安讲学的时候就提到过："汉
人墓前石兽多半是羊、虎、天禄、辟邪，而长安的昭陵上，却刻着带箭
的骏马，其手法简直是前无古人。"

王伯敏教授八卷本《中国美术通史》里，对它也有一个定位，认为
昭陵六骏"固然是李世民顺应历史发展的趋向，结束军阀纷争的混乱局
面，重新统一中国的伟大军事政治胜利的艺术概括，同时，在客观上也
是当时千百万人民群众付出重大代价，摧毁残暴的隋朝统治，赢得社会
进步的伟大历史勋业的丰碑"。

正是由于这些特殊性，昭陵六骏不光在唐代，在此后历朝历代，都
受到人们的关注、景仰和膜拜。

北宋人把它们合刻为一块碑石，用雄健有力的线条重新讲述了它们
的故事。这块碑今天还在，安放于陕西省礼泉县的昭陵博物馆。

金代，宫廷画家赵霖以一幅绢本设色长卷《昭陵六骏图》（图 21-
3），向壮烈牺牲的战马以及它们背后那个英雄主义的时代致敬。这幅画今
天也还在，珍藏于北京故宫博物院。这次辽宁省博物馆"又见大唐"特
展上，也有相应的展出。

图21-3　[金]赵霖《昭陵六骏图》

　　从初唐到赵霖的时代，500年过去了，关中大地已在金人的掌握中。金人原本也是马背上的民族，骁勇善战。此时享国日久，竟也染上了农业民族的惰性，在金世宗看来，金人"饱食安卧""弓矢不习"，渐渐喜欢上了安稳的田园生活。

　　世宗是金朝很有作为的皇帝，其统治史称"大定之治"。他觉得这样下去不行，游牧民族还是应该保持重牧尚武的传统。于是他大力发展马政，鼓励骑射，大定二十八年（1188），光御马就达到四十七万匹。正是在这样的背景下，赵霖绘制出《昭陵六骏图》。

　　金人的马已经不同于唐人的马了，但他还是原原本本照着唐人来，用朴拙的线条、浑厚的造型，继承了石刻原本的精神和唐人崇尚丰腴的审美态度。不过，石头上威武敦实的丘行恭，到了画面上愈加敦实，成了头大身子短的矮脚虎形象；马的鬃毛、尾部用细笔勾线，飘逸洒脱，还是能够看出毛笔和刻刀的不同。

这幅画后来流入清宫，乾隆皇帝照例在上面题诗、盖印。不过谁的事谁惦记，他从画上更多想到的，是自己的爱新觉罗先祖跟唐太宗一样，马背上得天下的历程："由来受命虽有异，艰难创业多齐踪。"

历史的六骏已然死去，艺术的六骏永远活着。

无论它们在哪里矗立、奔腾，都凝结着人们对英雄主义的崇敬，以及对赫赫唐风的遥想。

22

龙马精神（上）

盛世回响，又见大唐。

法国 18 世纪博物学家布封说过："人类所曾做到的最高贵的征服，就是征服了这豪迈而剽悍的动物——马。"

从唐立国开始，统治者便大力发展马政。唐太宗贞观十年（636），骑兵部队的战马从 5000 匹增长到 706000 匹。要知道那个时候，骑兵的战斗意义可不亚于今天的坦克部队。

到了 100 年后的开元盛世，玄宗皇帝本人就是宝马良驹的狂热爱好者，光皇家内厩里就养着 40 万匹之多。非止如此，这位热爱艺术的君王还亲自品评、指导画师的工作，倡导高度写实的画风，使中国的人马画艺术在这一时期达到了巅峰。

当时的画马名家，首推曹霸。杜甫在诗里，又尊称他为"曹将军霸"，因为他曾经做过一段时间左武卫将军，不过后来犯了事，被削籍为民。

此人乃汉末三国时代叱咤风云的曹操的后代，可惜传到唐朝，这些名头一点儿也用不上了。杜甫在《丹青引赠曹将军霸》这首诗的开头就讲："将军魏武之子孙，于今为庶为清门。"点明家道中落已然很久。

诗里有段画马的描写，很传神。说唐玄宗有一匹宝马"玉花骢"，叫宫廷里众多画师来画，玄宗都不满意，最后找到了曹霸。

皇帝命人把马牵到宫殿前，曹霸就在殿上铺开白绢，观察、构思、落笔。等画好一看，生动传神，"一洗万古凡马空"。皇帝拿在手上，看看画出来的马，再看看院子里立着的马，简直分不清哪个真、哪个假，于是龙颜大悦，一个劲儿催赏。旁边管理车马的官员和负责养马的圉人，原本对玉花骢再熟悉不过，此时看了曹霸的画，也都赞不绝口、叹为观止。

到了北宋，御府里还珍藏着曹霸的 14 件作品，可惜今天全都看不到了。这位大画家留给后世的，一个是他醉心艺术、淡泊名利的精神，杜甫给了两句诗意的总结："丹青不知老将至，富贵于我如浮云。"再一个，是他教出了一位了不起的弟子——青出于蓝而胜于蓝的韩干。

"又见大唐"特展上，有 3 件署名"韩干"的画作。

其一是《照夜白图》（图 22-1）。

原件在美国大都会艺术博物馆，是镇馆之宝。大都会"馆藏中国书画精品"导览上，第一个介绍的就是这幅画。

画心部分其实很小，只有 30 厘米见方，但是历朝历代的收藏家实在太爱它了，不断在上面加盖印章、接续题跋，所以今天见到的这一整卷作品有六米多长。

画心右上，有一枚几乎要磨掉了的印章，上面还压着一行字："韩干画照夜白。"这是全画最重要的印章和题字，留下它们的，是南唐后主李

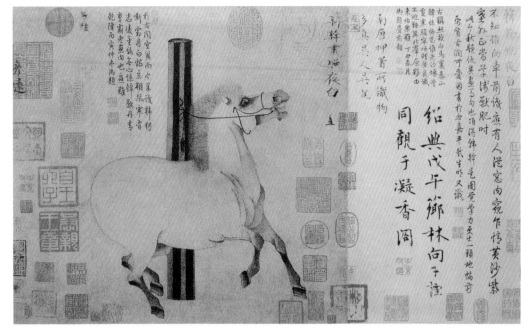

图22-1 [唐] 韩干《照夜白图》

煜。正因为此，后世才知道这幅画的作者以及画中之物的名字。

照夜白和玉花骢一样，属于唐玄宗最爱的宝马，它一身雪白，仿佛夜晚的明月。

整幅画就画了这一匹马，再有就是一根拴马桩，如此简单的构图，成为永恒的经典。

咱们来看这匹马，膘肥体壮、活力四射，虽然被拴在马桩上，但明显心不甘、情不愿，四蹄翻腾、昂首长嘶，急欲摆脱束缚。

画家着力突出了这匹马的动态细节，它怒睁着的似乎充血的双眼、大张的鼻孔、根根直竖的鬃毛、浑身绷紧的肌肉，以及那根被扯平了的缰绳。这是一匹桀骜不驯的马，志在千里，不愿在御厩中养尊处优、老死枥下。

画家用简洁的线条勾描出轮廓，再略微用墨色晕染，这种画法被称作"白画"，既不同于《五牛图》那样的设色画，也不同于后世只勾不染的白描。但很可惜，据专家考证，这匹马的前半段是真迹，后半段残缺了，应为他人补笔，而且没有尾巴。

　　更可惜的是，20世纪30年代，日军占领北平，《照夜白图》当时的主人，一来迫于局势紧张，二来也急着用钱，便托古董商把这幅画出手，最终卖给了英国人。据说临卖出以前，原藏家为了让故都百姓再睹一回照夜白的风采，单独举办了"《照夜白图》特展"，门票一块大洋一位。一时间，展厅内观者如潮，大家仿佛还能听到这匹龙马所发出的穿透千年的嘶吼，还能感受到曾经的盛唐气象。

　　与《照夜白图》比起来，传为韩干所绘的《清溪饮马图》（图22-2）

图22-2　[唐] 韩干《清溪饮马图》（传）

153

则意境平和得多。

　　这幅画描绘了圉人也就是马夫在清清的溪流中饮马的情景。

　　一匹花斑的大肥马低着头喝水，身上黑黝黝的鬃毛倒伏着，尾巴也在水中自在地甩动，显出放松的状态。圉人光着膀子，腰间别着一柄马刷，双手握住缰绳，面带微笑地看马喝水，仿佛为它的健康、茁壮而得意。

　　与前面两幅精简了背景不同，第三幅《神骏图卷》（图22-3），则用浓重的设色强调了这一点。

　　画面描绘的是东晋高僧支遁赏马的故事。史籍中记载，支遁隐居，"好养鹰而不放，好养马而不乘"。有人讥笑他，他就讲："贫僧爱其神骏。"

图22-3 [唐] 韩干《神骏图卷》（传）

是为了追求"神骏"这种风范，我才养鹰养马的。

画面右边，石榻上撑起身子坐的就是支遁。他袒胸露怀，光着脚，手握长长的拄杖，正聚精会神地望向飞奔而来的骏马。在他对面石榻上，有一位背对我们的士人，身体前倾，也望向那里。

骏马通身雪白，踏得浪花飞溅。

全画除人物以外，设色青绿，仿佛使观者置身于一派清净脱俗的世界。

23

龙马精神（下）

盛世回响，又见大唐。

说起韩干步入画坛的经历，颇有些传奇色彩。他是陕西蓝田人，小时候家境贫寒，在酒馆里当学徒工。有一回，大诗人王维从这家酒馆订了外卖，掌柜派韩干送单。送到的时候，王维刚好有事外出耽搁了，韩干就在院子里等他。百无聊赖之际，信手捡起一根小树枝，在地上画画打发时间。不一会儿，王维回来了，也没吱声，站在身后看着他画，看了一阵儿，感觉这个小伙子不简单，有才气，就把他推荐给了当时鼎鼎大名的画家曹霸做徒弟。为了叫他安心学画，还资助给他一笔生活费。

后来韩干果然学成了，并以画马爆得大名。玄宗皇帝招他进内廷做供奉，专门画画。当时内廷里有一位前辈画家陈闳也擅长画马，皇帝就想让韩干跟着他学，没想到被韩干一口回绝，理由是："我自有老师，陛下马厩里的那些马，就是我的老师啊。"

以人为师掌握技法，以马为师直面生活，所以我们才能看到如《照夜白图》那样栩栩如生的画作。

曹霸、陈闳和韩干都是玄宗时期的宫廷画家，有条件接触皇家御马。而当时另有一类平民画家，以韦偃为代表，把马匹放在广阔的原野上来表现，既有气势，又不乏野趣。

"又见大唐"特展上，就有这样一幅画作：《李公麟摹韦偃牧放图》，原画保存在故宫博物院，这件是辽宁省博物馆收藏的陈林斋摹本（图23-1）。

虽然是摹本，可已然是今天所能见到的，唐代画家韦偃唯一的作品。经由忠实的临摹，反映出唐画的精彩。

一望无际的原野上，马队浩浩荡荡，似潮水般涌来。整体看，气势撼人，仔细看，会发现画家画得如此多彩。数也数不清的骏马，从画右向画左而去，昂首嘶鸣的、低头吃草的、缓步漫行的、奔腾跳跃的、回顾交流的、彼此依偎的、伏卧休息的、撒欢打滚的、跑到河边喝水的、面向观者站着不动的……千姿百态、生机盎然。

有细心人数过，上面一共有1286匹马和143个人，不过我总觉得不止，这恐怕也是画家的功力所在，明明只有一千多匹，却画出了上万匹的气势和感觉。

而且画家特别有耐心，他画每一匹马都是先用工整的线描勾出轮廓，再用水墨晕染、填色，连马身上的鬃毛都用极细密的笔尖一根一根描上去，放大了看，笔笔不乱。

要完成这么一幅元素众多的长卷，如何避免杂乱和重复就是一个大问题。

画家怎么办呢？他首先从整体上给这幅画分段落，每个段落有每个段落的特色和节奏。

一开始，牧马人赶着一大群马入画，马匹蜂拥在一起，互不相让，

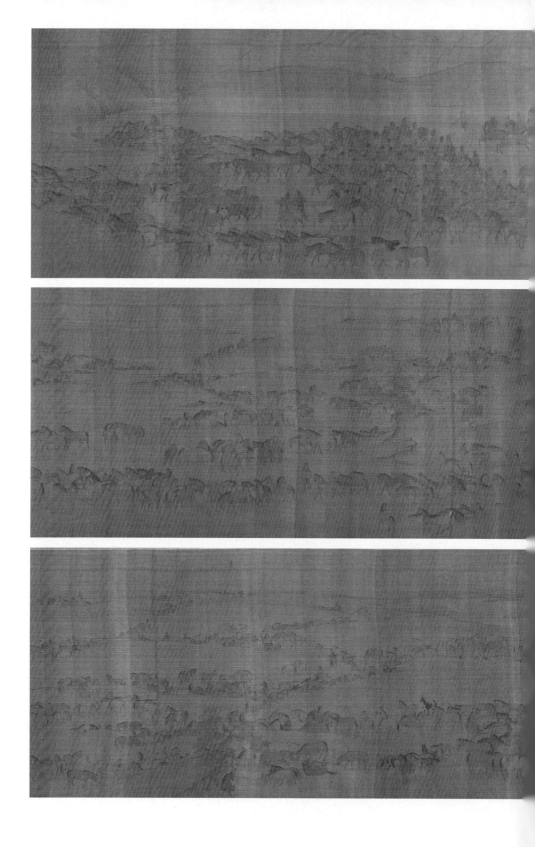

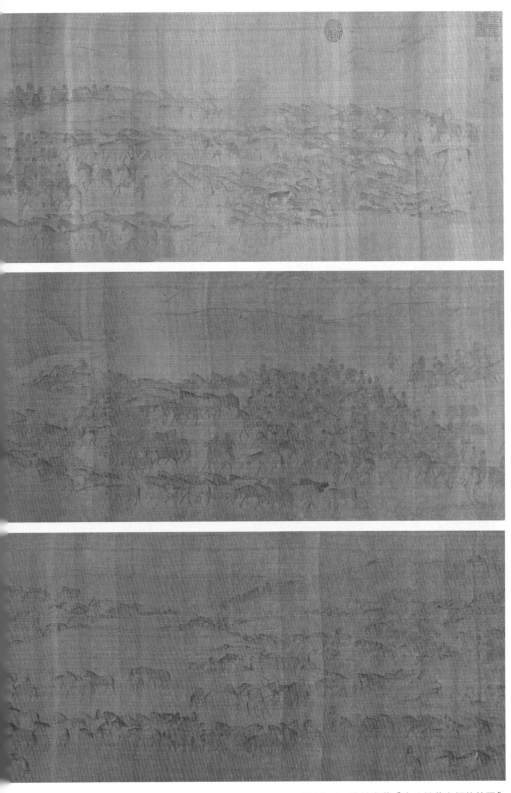

图23-1 陈林斋摹《李公麟摹韦偃牧放图》

都朝同一个方向行进。马倌们也都簇拥到一处，好像集体巡视，场面十分盛大。

画幅中段，马队被牧场地形：冈峦、丘陵、坡谷、溪流自然分割，有聚有散。画家还特别在地势的遮掩下，偶尔让马露出半截身子、一角尾巴，令观者产生无穷无尽的联想。

到了后段，马队来到更加开阔的地带，状态也更放松。赶路的少了，休息的多了，三五成群，左躺躺右逛逛，别提有多安逸。

所以全画的节奏，明显是右边紧密，越向左越疏朗，从右手的严整、雄壮走向了左手的闲散、从容。细节上，人与马、马与马之间，也有神情、动态和声气上的联系，保障了画幅虽长，却始终处于一个有序的整体。

临摹这幅《韦偃牧放图》的李公麟，本身也是北宋绘画大家，有"宋画第一人"的美誉。

他酷爱画马，精研过唐代曹霸、韩干、韦偃这三位的笔法。并且深入观察生活，有事没事就往皇家的御马厩跑，一待就是一整天，谁跟他说话他都不搭理。

有一回，御马厩的马倌实在受不了了，向他提意见："李大人，求求您以后别来了！"李公麟还以为是自己影响到了马倌的工作，没想到对方忧心忡忡地说："您画马画得太有神了，我怕您再这么画下去，把我这里宝马良驹的神全都给画走了。"

史载，李公麟绘制《五马图》，里面有一匹马叫满川花（图23-2）。他刚一画完，满川花就死去了。黄庭坚就讲，这是马的神骏精魄被李公麟的笔端取走了啊。

所以可想而知，由这样一个人临摹韦偃的作品，再合适不过。

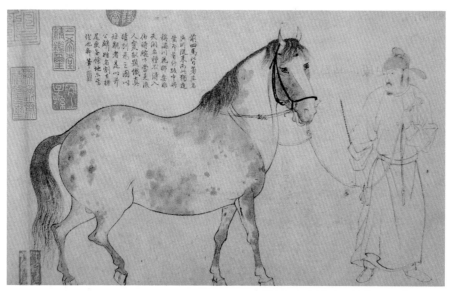

图23-2 [宋]李公麟《五马图》满川花

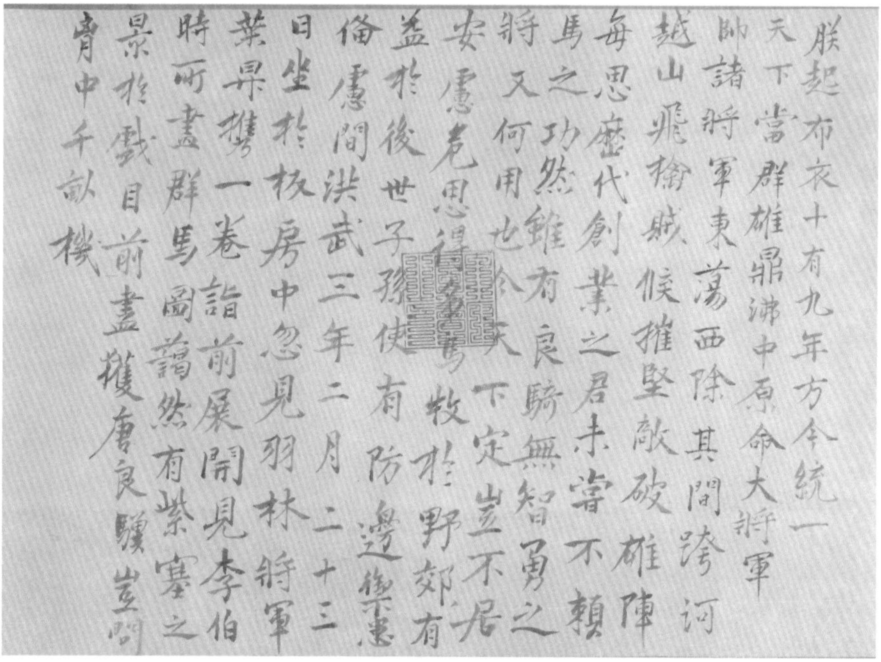

膚中千駬槩

景於戲目前畫攫唐良驥豈

時所畫群馬圖翩然有紫塞之

葉昻攜一卷詣前屡開見李伯

日坐於板房中忽見羽林衛軍

倫應間洪武三年二月二十三

益於後世子孫使有防邊徼不

安慮君思得牧於野郊有

將又何用也於天下定豈不居

馬之功然雖有良騎無智勇之

每思盛代創業之君未嘗不賴

越山飛輸賊候摧堅馘破雄陣

帥諸將軍東蕩西除其間跨河

天下當群雄鼎沸中原命大將軍

朕起布衣十有九年方本統一

图23-3 朱元璋题跋

161

完成此图以后，为表示恭敬，李公麟特别用篆书在卷首上题了名:"臣李公麟奉敕摹韦偃牧放图。"原来，他是奉宋徽宗皇帝的旨意临摹的。

今天，在这幅长卷的拖尾，您还可以看到一段题跋（图 23-3），字很丑，放在那年月只能算小学生水平，但写的人太厉害了，是明朝开国皇帝朱元璋。

朱元璋出身贫苦，早年逃过难，又当过和尚，没受过多少教育。但这段跋文内容很好，以开国之君的敏锐把握住了关键，有助于加深对画的理解。

他说什么呢？说自己有一天正在房中安坐，手底下一位将军神秘兮兮地献上一卷古画，展开一看，正是李公麟摹的《韦偃牧放图》。万马奔腾啊，不免让自己触景生情，想起了南征北战 19 年的岁月。

打天下靠战马，坐天下不也得靠战马吗？不过光有战马也不行，还要有智勇双全的将领。皇帝思前想后，郑重地叮嘱子孙一定要居安思危，多多储备马匹、培养人才、巩固边防才是。

这就把原画的境界又提升了一层。

古来伯乐相马也喻指识拔人才，宝马英姿勃发、人才扬眉吐气，繁荣安定才有根本保障。

24

张旭：诗人·酒徒·神来之笔

盛世回响，又见大唐。

唐代书法家张旭——弓长张、旭日东升的旭——这天突然肚子疼。

肚子疼不是病，疼起来真要命。他顺手抓过一张纸，开始写自己的感受："忽肚痛不可堪，不知是冷热所致。"——肚子突然疼起来，特别疼，怕是冷热刺激的吧。"欲服大黄汤，冷热俱有益。"——想喝点大黄冲剂，肯定管用。"如何为计？非临市！"——可怎么办呢？附近没药店啊！

头三个字，倒还工整；后边越写越草，写到"如何为计"，字与字之间的连接，已经开始画圈圈了；最后一行，只三个字便戛然而止，看来已经疼得啥也顾不上了。

这张 30 个字的便条，被后人奉若珍宝，认为是将草书艺术发挥到极致的典范，有一种变幻莫测、惊心动魄的美感。

宋人将它刻成碑石，明人又重刻了一块，是为《肚痛帖》（图 24-1)，现存放在西安碑林博物馆里。每天无数游客天南海北而来，对着这块

图24-1　[唐] 张旭《肚痛帖》（局部）

碑石傻笑，完全想不到自己的快乐其实是建立在人家肚子疼的基础上。

这就是张旭，人称"草圣"，写草书特别好，被尊为圣人的那位。

不过除了《肚痛帖》，您要想再看一件相传为张旭的草书作品，就只有去辽宁省博物馆，看"又见大唐"特展上的《古诗四帖》了。

《古诗四帖》（图24-2），40行，184个字，写在五色笺上，特别漂亮。内容是南北朝时期的四篇诗赋，因为书法出挑、动人，初见者都要被震撼的，所以几乎没有谁去关注写的什么。这正是草书的特质，它已经超越了传达字意的工具性，拥有了独立欣赏的形式美，通过线条的运动变化，表现着书法家自己的精神、思想与人格。这也就是为什么我们只听说过有"草圣"，而没有类似"楷圣""隶圣""行圣"的说法。

不少人对草书有误解，觉得不就是胡涂乱画吗？网上流传的不少图片、视频，一帮所谓"草书家"，神出鬼没，写出来的东西啥都像，就是不像字儿。

其实草书是一种法度也就是规矩极为严谨的书体，要写好，也得像写楷书那样，经历反反复复的练习。字的点画、墨的轻重、篇章的结构、行文的间架都极有讲究。这就好比是打醉拳还是撒酒疯，懂的人一眼就看出来了。

这篇《古诗四帖》，老一辈华人艺术家熊秉明先生就曾有过非常精彩的介绍："满纸龙飞蛇走，有闪电形的折线，有长锥样垂直而下的直线，有迥环缭绕的曲线，相互穿错交织，使人目眩神醉。前数行尤多一类锯齿式的波折笔画，毫锋迅速左右摆荡而下，急切、重复而执着，是中国书法中少见的。行与行之间不留空隙，邻行的字交相撞击，似乎铿锵有声，浮起一片激烈的敲击乐的交响。"

张旭，盛唐人，主要生活在唐玄宗当政、历史上有名的"开元天宝"时期。那几十年，国泰民安、政治宽松、风气开放，涌现出一大批有才华、有个性，也有时间干这干那的文化人。比如咱们熟悉的李白、王维、孟浩然、岑参、高适、王昌龄等等。

张旭也属于这个群体中的一员，只不过别人都以诗歌闻名，他是以书法取胜。虽然他也能写诗，写得也不错，后来还被《唐诗三百首》收录过。

唐代书法家，特别是像张旭这样的草书大家跟其他诗人比，也像也不像。

说他像，像在都好喝酒，性子比较洒脱。杜甫《饮中八仙歌》里，盘点当代八位著名的醉鬼，就有李白，也有张旭。

写李白那几句很出名："李白一斗诗百篇，长安市上酒家眠。天子呼来不上船，自称臣是酒中仙。"写张旭的，紧挨着李白："张旭三杯草圣传，

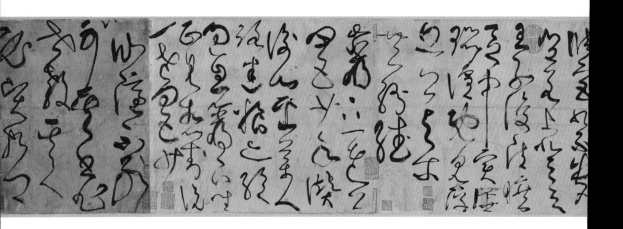

脱帽露顶王公前，挥毫落纸如云烟。"说他三杯酒下肚儿，"草圣"那劲儿就上来了，管它什么场合，当着谁呢，爱谁谁！帽子一脱，大脑门儿一露，抄起笔，挥毫泼墨，满纸云烟！

所以清朝画家任熊画张旭，故意给他画成个秃头，让他酒酣耳热，满脑袋放光，很有意思。

说他不像，不像在诗人写诗，是个用理性调节情感的过程，就算天才如李白杜甫，也不能完全张口就来，也得好好构思、好好修改，"语不惊人死不休"。而张旭写草书，贵在一气呵成，没有犹豫和修改的机会，也没有通篇构思完了再下笔的可能。

所以，酒对于张旭就变得无比重要了，是激活他一切才华、幻想、艺术经验和创造力的触媒。帮他打开，帮他狂起来，帮他腾云驾雾；他冲动了，舍我其谁了；沉潜的要爆发，不平的要鸣出来；人挡杀人，挡杀佛；宣泄、奔腾、飞流直下三千尺，成了！

《新唐书》里讲，张旭"每大醉，呼叫狂走，乃下笔"。有时住自己的头发，蘸墨而书。酒醒以后，自己都不相信是自己写的，可就出不来那个感觉了，于是以为得了神助。

如此酣畅淋漓，是绝对自由的艺术精神的象征。

诗人李颀有一首《赠张旭》，对此有非常形象的描述："张公性嗜酒，

图24-2 [唐] 张旭《古诗四帖》（局部）

豁达无所营。皓首穷草隶，时称太湖精。露顶据胡床，长叫三五声。兴来洒素壁，挥笔如流星。"

这里面最有趣的，是把张旭比作"太湖精"。

张旭，有说苏州人，有说湖州人，反正都在太湖那一带，因此李颀说他成了个"太湖精"，实际是对他不可思议的书法才能崇拜得不知道怎么崇拜好了。

历史上有个故事：张旭当年在江苏常熟做县尉，刚上任十几天，就有老汉跑来打官司。县尉是唐代的基层官员，负责维持治安、审理案件、判决文书之类的，所以刚好归张旭管。

于是，张县尉就受理了老汉的诉讼。结果一看告的这事儿，其实没什么，家长里短的，说犯法吧，没到犯法；说违纪吧，又不是干部。就信手批了几句判词交给他，顺便安慰两句，以为了结了。

没想到隔几天，老汉又来了，还是这事儿，补充了点儿证据，又递上一份状子。张旭没办法，只好又批了。

隔几天，还是这老汉，又来了，又往上递状子。这下张旭不干了："哎，我说老人家，您这隔三差五，拎出点儿芝麻绿豆来折腾折腾，什么意思呀？"

老人见把他惹烦了，这才支支吾吾道出实情："哎哟，县尉大人莫生气。小老儿没别的意思，就是那天看您在状纸上的批语写得实在漂亮。先父也好书法，小老儿也就跟着略知那么一二，想通过这种办法，能多收您几幅墨宝。"

张旭一听，又好气又好笑，可转念一想，人家也是一片赤诚，否则谁愿意老往衙门口跑啊。还得找茬告状，还得费劲巴拉写状子，还得一趟趟跪地上听喝。

想到这儿，赶忙搀起老汉。又记得他刚才提到其父也好书法，细打听，还真是，并且还传下来一部关于书法的著作呢。

张旭好奇，跟老汉回家，待到把这部压箱底的著作取出来一看，他可就舍不得走了，为什么呀？

要知道，那年月学书法可不像咱们今天这么近便，要先生有先生，要字帖有字帖，论文专著多如牛毛。那年月都是家学，很多东西秘不示人的，一部高手留下的心得，不亚于武侠小说里足以搅动江湖的武功秘籍。

这下张旭可捡着了，借回家细细品味、反复琢磨，一边念叨还一边用手指头比画，果然长进很大。

这个故事收录在晚唐人张固编纂的《幽闲鼓吹》里，不是正史，是一部笔记小说，篇幅不大，专收唐代的名人掌故、朝野轶事。像咱们熟悉的，老诗人顾况拿白居易的名字开玩笑，说首都生活成本高啊，年轻人想住下来谈何容易！等读了他的诗，又马上改口说"这下容易了，容易了！"此事，便也是靠这部《幽闲鼓吹》才流传下来的。所以清朝人编《四库全书总目提要》的时候就认为，相比其他唐人小说，这部书中所讲到的东西基本上还是有凭有据的。

当然，一位书法大家的成功可不是一部"秘籍"那么简单，更不是

借酒发挥、肆无忌惮就行。张旭之为"草圣",有两个至关重要的条件,我把它概括为两个关键词:

第一,"传承"。中国书法,要面对面学,手把手教,这样名师出高徒,高徒又成为下一代名师,这条文化链才是活的,也才是牢固的。一条牢固的、活的文化链,才能担得起"传承"的重任。

张旭自己讲他的书法是得了谁的真传呢?智永禅师。智永禅师是谁?王羲之和王献之的后人。智永禅师把祖传的家法,教给了初唐的虞世南,虞世南教给外甥陆柬之,陆柬之教给儿子陆彦远,陆彦远恰好又是张旭的堂舅,打小手把手教给了他。

这段传承谱系记载在唐人编纂的《临池诀》里,所以我们今天看张旭《郎官石柱记》(图24-3)那样的作品,会发现这位以狂草著称的书法家居然正楷也写得那么好,一丝不苟,法度森严。难得的是,正楷规规矩矩、板板正正倒也平常,从端正的字形和束缚的规矩里写出一派天然,写出游刃有余,丝毫不见拘谨,才是至高境界。这一点,跨越了一个极端的张旭,居然做到了。

这就是传承的力量。

古人关于书法传承谱系有好几种归纳,每一种都有张旭。可见,这个人在整个中国书法史的传承链条中是个枢纽般的存在,

图24-3 [唐] 张旭《郎官石柱记》(局部)

也是个集大成的人物。

第二个关键词"生活"。艺术源于生活，在很多人看来是常识性话题，但里面仍然有可探讨的、意味深长的空间。

比如《唐国史补》和《新唐书》里都记载了张旭自己说的，当年他遇见两个人抢道，又遇见吹鼓手吹吹打打，从中领悟出笔意。特别是看过"公孙大娘舞剑器"以后，草书更进入了一重新境界。

这是什么意思呢？手舞足蹈的生活场景怎么就变成了笔墨跳荡的书法艺术了呢？

要理解这个，我又要讲故事了。

让我们把目光投向 1300 年前的河南郾城。

这天，集市上人山人海，围成一个圈，当中，一位漂亮姑娘正在跳舞。

她跳的是时兴的"剑器"舞，一种从西域传来的风格矫健的舞蹈，跟中原的轻歌曼舞完全不一样，跳的时候手里还要挥动双剑。十里八乡的看客哪见过这个啊，越聚人越多。人群里，有个 5 岁的小男孩儿骑在爸爸肩头上，也被吸引住了。他感觉那两柄宝剑好像两条游龙，活过来了，而女子的身影越舞越快，简直成了闪电，成了一道光！

时间转眼走过半个世纪，从盛唐走到了中唐，当年的小男孩儿也已经又老又病，离生命的终点不远了。在一座寒冷的江边小城，他又回忆起童年那一幕，满怀感慨与深情，用诗句记下了脑海中恍如昨日的那道光——

"爛如羿射九日落，矫如群帝骖龙翔。来如雷霆收震怒，罢如江海凝清光。"

透过女子的舞姿，他仿佛看到了后羿射落天上的九个太阳，看到了神明在驾着龙车飞翔。起舞时，鼓声暂停，如同惊雷压下了震怒；舞罢后，剑影一收，好似江海凝结住波光。

诗写得太棒了，充满了文学的想象力！舞蹈本是稍纵即逝的，可在诗里，写出了上天入地、翻江倒海的大境界。

现在，我要给您揭秘：那位舞女，叫大娘，却是一位妙龄少女；而那个小男孩儿，便是杜甫。一场天才舞蹈家与天才诗人的奇妙际遇，成就了《观公孙大娘弟子舞剑器行》这篇不朽的名作。

那这个跟张旭有什么关系呢？

原来杜甫写诗的时候，专门在前面添了一篇序，提到："昔者吴人张旭，善草书书帖，数常于邺县见公孙大娘舞西河剑器，自此草书长进，豪荡感激，即公孙可知矣。"

这就把张旭这位天才书法家也带进来了。

舞蹈、诗歌、草书，原本谁也不搭着谁，一个是形体，一个是语言，一个是线条；但在艺术化了的生命精神、生命情怀与生命意趣上，却可以达到同频共振。那浓烈的、自由奔放的、彰显人体美极限的舞蹈节奏、律动和旋转，一样可以使诗人、书法家得到灵感、得到省悟、得到超越形式差异的文化底蕴上的一致性，从而化作诗歌中的炼字、觅句和章法；以及草书中的点画、结构和体势。

事实上，一位卓越艺术家的观察与借鉴还远不止姊妹艺术，他的心灵对接的是整个生活世界。正如大文豪韩愈对张旭的点评：山水崖谷、鸟兽虫鱼、草木之花实、日月列星、风雨水火、雷霆霹雳、歌舞战斗……举凡一切存在，物质的、情感的、运动的、变与不变的，都可以在他的草书中看到。

张旭，中古时代表现主义的大师，他的线条里，藏着世界。

25

大小欧阳

盛世回响，又见大唐。

在中国书法史上，有许多父子书法家传为美谈，其中最负盛名的，当属王羲之和王献之父子，他们并称"二王"，光照千古，成为中国书法的象征。此外，像宋代的米芾和米友仁，明代的文征明和文彭，都是父子相继，享誉书坛。

辽宁省博物馆"又见大唐"特展中，也展出了一对唐代父子书法家的代表作，他们就是被后世称为"大小欧阳"的欧阳询和欧阳通。

著名学者、书法家启功先生有一首诗说："铭石庄严简札遒，方圆水乳费探求。萧梁元魏先河在，结穴遥归大小欧。"诗中所讲的就是欧阳询、欧阳通父子在书法史上的地位和功绩。

这首诗应该怎么理解呢？

在隋唐以前的南北朝时期，南朝和北朝在政治、军事上处于分裂与对立状态，书法方面也形成了不一样的风格。

北朝立石树碑的风气很盛。在石碑上写字，意在追求声名的万世不朽，字体必须方正庄严才好。而南朝政府禁止立碑，文人间流行的是简札书法。所谓"简札"，就是信笺、小纸条，用于朋友之间传递私人信息。在简札上写字，不必板起脸来规规矩矩，可以自由发挥，表达性情，所以简札书法往往讲求字体姿态的遒丽潇洒，这就和北朝书法的方严质朴形成了非常大的差异。在当时，要想把南北书风结合起来，做到方圆无碍、水乳交融，是一件很困难的事。

南朝和北朝开创的这两种书法流派并存了170多年，隋文帝重新统一中国以后，直到欧阳询和欧阳通父子那里，才真正做到了融会贯通，这就叫"结穴遥归大小欧"。

欧阳询是潭州临湘，也就是今天的湖南长沙人。青少年时代是在南北朝时期的陈朝度过的。出生那年，正值陈朝建立，32年后，陈朝被隋军所灭，欧阳询也随之客居隋朝的首都长安。

在隋朝，欧阳询做了一名七品的文职官员，当时就以擅长书法而名重于世。等到隋朝灭亡、唐朝一统天下的时候，欧阳询已经是60多岁的老人了。

入唐以后，他的书法更加声名远播。史书上说，当时的高丽国派遣使臣来唐，目的之一，就是访求欧阳询的书作，令唐高祖李渊赞叹不已。下面咱们就来看看欧阳询的楷书代表作《九成宫醴泉铭》（图25-1）。

唐贞观六年（632），太宗皇帝在位于陕西麟游县的九成宫附近发现地下有泉水涌出，认为是祥瑞之事，于是下令刻石立碑，命名臣魏征撰写碑文，大书法家欧阳询书碑，以表纪念。

欧阳询书写《九成宫醴泉铭》的时候，已经70多岁，书法风格完全成熟，功力境界也都炉火纯青了。由于这次写碑是出自太宗皇帝的敕命，

图25-1　明拓唐欧阳询《九成宫醴泉铭》册

又有魏征的碑文珠玉在前，欧阳询在挥毫落笔时，也格外郑重，一点一画，都精心写成，全文一千多字，没有丝毫松懈之处，使得《九成宫醴泉铭》成为一件震古烁今、驰名千载的杰作。

我们从《九成宫醴泉铭》的书法中，可以很明显地看出欧阳询楷书，也就是后人所称的"欧体字"所具备的融汇南北的风貌。

从字形外表上看，欧书用笔以方笔为主，有北朝碑刻书法刚正方严的特点。但北朝书法的方笔是刀刻斧劈、岩石利刃一般的方严；而欧书的方笔，则似方似圆，如同精金美玉，尽管方严，却有高逸华美和温润含蓄的意味。这就是欧阳询楷书中融入了南朝书法的风神，南北贯通、水乳交融的缘故。

通过《九成宫醴泉铭》，我们还可以总结出欧阳询楷书的几大特点。

一是字形结构上的内紧外放。宋代大书法家苏轼和米芾在谈到欧阳询书法时，曾指出欧书的"紧结"和"妍紧"。一般来说，欧体楷书往往中心紧结，而四周笔画放得很开。拿《九成宫醴泉铭》开头的"泉"字来说，中心部分空间紧密，像一块磁铁一样将笔画向内吸引，而四周部分撇、捺、提、挑等点画，有一种向外辐射的感觉，使这个字显得既紧密团结，又舒朗开张，纵擒有度，收放自如。

欧体字的另一大特点是法度森严，结字的位置轻重，不容许有丝毫偏差。这是欧阳询楷书千锤百炼、功力深湛的表现。

试着挑出《九成宫醴泉铭》里任意一个字来观察，我们都会发现字的点画如同精密的建筑部件一样环环相扣，哪一笔稍稍移动一点儿位置，整个字就会坍塌。所以初学书法的人，要想写好欧体字是很不容易的。反过来讲，通过学习欧体字，人们也能够在欧阳询的帮助下，建立起写字的规矩法度。所以直到今天，许多人初学书法，都还是从《九成宫醴泉铭》入手。

欧阳询书法还有一点常常被古人提及，就是结字的险峻。比如《九成宫醴泉铭》中"臣魏征奉敕撰"的那个"奉"字。字形本来是左右对称结构，但欧阳询却把中竖写在偏左的位置，把整个字的重心放在左上部类似黄金分割点的地方，似乎重心不稳，有种惊险的感觉。但同时，他又通过撇和捺的一收一放，在偏移错位之中找到了新的平衡重心，这就是古人所说的"险峻"。

总体来说，欧阳询书法"险峻"的特点在《九成宫醴泉铭》中还不算特别明显，大概因为这是奉皇帝敕命写碑，格外需要工稳匀称、雍容肃穆，所以欧阳询在书写的时候有意进行了收敛。把这种险峻之风发挥到极致的，反而是他的儿子欧阳通。

欧阳通是欧阳询的第四个儿子，父亲去世时，他还在幼年，因此并没有机会得到父亲的口传心授。当时欧阳询的书法手迹大多散落民间，欧阳通的母亲徐氏不惜重金回购，供儿子学习临摹。欧阳通也发愤苦学，没有辜负母亲的期望，不仅书法出类拔萃，而且学业有成，处世刚正，后来官至宰相。

辽宁省博物馆收藏的这册欧阳通楷书代表作《道因法师碑》（图25-2)，字势奇险过人，点画瘦硬如铁，好像武库戈矛，剑戟森森，与《九成宫醴泉铭》的平和肃穆是十分不同的，充分体现出小欧书法的特色。

在这通碑刻中，小欧字体的瘦劲方严自然离不开父亲欧阳询的法度，但欧阳通书法的可贵之处，在于他不是亦步亦趋地描摹父亲书法的原貌，而是将欧书中险峻的一面加以强调和发挥，又把南北朝书法中高古质朴的风格融汇进来，形成了自己的风格。正因为这样，他才能够不被父亲的盛名掩盖，独立地在书法史上占据一席之地。

"萧梁元魏先河在，结穴遥归大小欧。"

图25-2　明拓唐欧阳通《道因法师碑》册

　　大小欧阳是南北朝书派的归结，也是唐代新书风的起点。"唐楷"作为唐代书法的标志性字体，在大小欧阳的笔下从一开始就达到了一个令后人难以企及的高度。而在大小欧阳身后，一个异彩纷呈的唐代书法盛世已经到来！

26

初唐四家

盛世回响，又见大唐。

中国的汉字，源远流长，出现过篆书、隶书、行书、草书等多种多样的写法。其中最通行、应用最广泛，直到今天仍然作为汉字标准字体的，还得说是楷书。楷书的"楷"，也就是楷模、规范的意思。

楷书的起源，最早可以追溯到魏晋时期，此后经过南北朝 170 多年的酝酿、过渡和发展，最终在隋末唐初达到了完全成熟的境地。

唐朝初年，为这种书体的成熟作出过决定性贡献，同时创造出独具个性的书法风貌，堪称后来百世之师的，是欧阳询、虞世南、褚遂良和薛稷这四位书法家。在中国书法史上，他们被合称为"初唐四家"。

前面已经介绍过初唐四家之一的欧阳询和他的楷书代表作《九成宫醴泉铭》了。欧阳询是出生在陈朝，成名于隋朝，以 65 岁高龄入唐的。"初唐四家"中，虞世南与他年龄相仿，也是一位由陈朝、隋朝而进入唐朝的书法家。但两个人的性格迥然有别，书法风格各异，人生的升沉荣辱也大不相同。

虞世南是越州余姚人，他的祖父和父亲在南北朝时期都做过高官，享有很高的名望。他年轻时身体很弱，是一个性格沉静、清心寡欲的人。

虞世南自幼受过很好的教育，得到名师传授。他的三位老师，都是当时了不起的人物。

在学问方面，虞世南跟随著名学者顾野王读书十多年，废寝忘食，立志苦学，有时达到一连十几天不洗脸、不梳头的地步。在诗文方面，他师法南朝著名文学家徐陵，所写的文章得到过徐陵本人的首肯。在书法方面，他拜王羲之的七世孙——智永和尚为师，深得王羲之书法的真传。

虞世南在陈隋两朝都做过官，但仕途都不得意，直到遇见唐太宗，才受到知遇和重用。他在81岁去世以后，被皇帝追赠为礼部尚书，获准陪葬昭陵、绘像凌烟阁，达到了一位臣子哀荣的顶点。唐太宗认为虞世南有五绝："一曰德行，二曰忠直，三曰博学，四曰文词，五曰书翰。"又称赞他为"当代名臣，人伦准的"，几乎是一位古今完人了！

虞世南书法的代表作是《孔子庙堂碑》（图26-1）。从辽宁省博物馆展

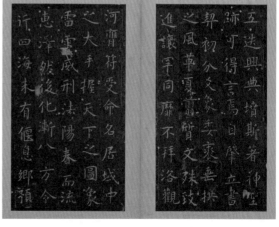

图26-1　明拓唐虞世南《孔子庙堂碑》册

181

出的这件《孔子庙堂碑》拓本中，可以看出虞世南不愧为智永禅师的高足，用笔点画完全承袭了王羲之的方法，显得格外沉厚安详、中正平和。这种书风与虞世南清心寡欲的性格和忠直宽厚的品德也是相当吻合的。

不过虞世南的字虽然温润却并不软弱，他的笔力实际上异常坚挺，只不过外柔内刚，不肯露出锋芒而已。相传唐太宗在书法上以虞世南为师，但常常写不好"戈"画。有一次，唐太宗写了一个"戬"字，故意空出右边的"戈"，让虞世南填满，又叫魏征来评价。魏征看后说，右边的这个"戈"学虞世南学得很像啊。唐太宗听了，对虞世南更加佩服了。现在咱们从《孔子庙堂碑》里挑出"夷""代""藏"等几个带有"戈"画的字来看看，真的是坚挺有力又不过分刚强，显示出虞世南过人的笔力和深厚的修养（图26-2）。

图26-2　《孔子庙堂碑》局部

虞世南过世以后，唐太宗伤感地说："从此再也没有能够与朕谈论书法的人了。"魏征于是向他保荐了褚遂良。

褚遂良是杭州钱塘人，他的父亲就是在唐太宗的文学馆中与虞世南同为学士的褚亮，虞世南和欧阳询都是褚亮的朋友。褚遂良比虞世南和欧阳询的年纪要小将近 40 岁，书法上曾经得到过这两位书坛前辈的指导。有魏征的推荐，唐太宗当即召褚遂良担任侍书，并拿出宫中购求来的王羲之墨迹，让褚遂良鉴别真伪。褚遂良对这些王羲之墨迹一一鉴定，没有一件出现差错，可见他精于鉴赏，对王羲之书法也下过很大的功夫。

褚遂良虽然是以书法受到唐太宗赏识，但他不仅是位卓越的书法家，而且还有政治上的才能，很快便在朝堂上崭露头角。唐太宗临终时，把后事托付给褚遂良和长孙无忌，太子李治登基的诏书，便是褚遂良在御床前受诏起草的。

褚遂良为人忠贞，性情刚烈。唐高宗即位六年以后，准备废掉皇后王氏，立武则天为后。褚遂良抱着杀身成仁的决心进行激烈的劝谏，最后叩头流血，把上朝时手持的笏板放在殿阶上说："还陛下此笏，乞归田里！"皇帝大怒，叫人把他拉出殿外。坐在帐子后面的武则天气得咬牙切齿地喊道："何不打杀此蛮子！"

因为这件事，褚遂良被贬官潭州，不久又被贬到桂州和爱州，也就是今天的广西、越南一带，最后死在任上，享年 63 岁。

那么这位令人敬佩的大书法家的书法究竟是什么样的呢？

辽宁省博物馆收藏的这册《孟法师碑》（图 26-3），是褚遂良中年时期的代表作。这件书法将虞世南和欧阳询的书风融合在一起，遒丽处似虞，端劲处似欧，并且不时流露出隶书的笔意，体现了褚遂良在书法上广泛学习前人、融汇传承汉魏六朝书法的功力。

然而褚遂良也是极富创新精神的，他在晚年创造出一种寓婉转秀丽于沉实刚劲的新体楷书。而且年岁越晚，书法力道越沉雄，笔画越疏瘦，姿态越流美，字形越宽绰多变。如果说欧阳询和虞世南的楷书更多继承

於崑閬者哉若迺岱山
龍駕傳神丹之祕浹秦
都鳳祠流洞簫之妙響
用能延頹年於昧谷振

杇骨於玄廬白玉之簡
析西王而可值青雲之
衣師東陵而易龍衣豈非
度世之寶術登遐之妙

道焉法師俗姓孟氏諱
靜素江夏安陸人也其
先從里成仁繼跡於孔
墨冬箔表德齋聲於曾

部曹稱孝行播美上虞
而已哉紛紛而慕道超然
拔俗志在芝桂璧璫卷
於糠秕心繫煙霞方綺

羅於桎梏既而初笄云
畢迫吉有典艷戚託繼
世之援慈親割相離之
情千金甫陳百兩將或

法師凌霜之操必守節
於玄冬匪石之誠擔捎
生於白寔素綮難奪嘉
禮遽刃乃脫屣通德之

唐京師至德觀法主孟
法師碑銘
觀夫太陽始旦指崦嵫
其若馳巨川分流赴渤

瀰而不息是以至人無
已先天地而御六氣列
仙神化隘宇宙而遺萬
物與夫齊魯縉紳束名

教於俄景漢魏豪桀殉
榮利於窮途何異乎蜉
蝣生於崇朝爭長於龜
鶴秋豪出於未北計大

閱是以貽則當世錫類
後昆軒冕之盛既富於
天爵賢明之質獨表於
仙才固以軼仲尼之弈

葉邁陽元之餘慶者矣
法師稟兩儀之靈和體
五常之休德崇蘭散馥
掩蕭艾於芳春朗月揚

暉蕩雲霧於清夜盈尺
之寶出鄖郢而連城徑
寸之珍入大梁而照乘
豈惟楊号異才馳聲益

图26-3　清拓唐褚遂良《孟法师碑》册

185

了魏晋南北朝以来的书风，那么褚遂良的"褚体字"则已经完全是唐朝的新体了。

这种新体书风在当时有多流行呢？

有人做过统计，流传至今的大小唐碑，几乎一半以上都是学褚遂良的，可见褚体的势力之大、影响之远。而在当时学习褚遂良晚年新体书风的人物中，最杰出的一位，就是"初唐四家"之一的薛稷。

薛稷在"初唐四家"中年辈最小。他是隋朝文学家薛道衡的曾孙，初唐名臣魏征的外孙，文辞书画，都有很高的造诣。大诗人杜甫曾在诗中屡次咏叹他的字画，宋代大书法家米芾也很推崇他。

在书法上，薛稷不是一个自立规模、自开境界的大家，却是褚遂良书法的忠实继承者，堪称褚体的后劲。此次辽宁省博物馆展出的《信行禅师碑》（图26-4）就是薛稷的代表作。

我们看薛稷的字，完全是学习褚遂良晚年以《雁塔圣教序》和《房玄龄碑》为代表的新体楷书。字体以虚运实，化实入虚，笔画有时细瘦如丝，反而更显瘦硬有力，深得褚体楷书"疏瘦劲炼"的意韵。从《信行禅师碑》的书法中，还不难看出褚、薛一派的字对后来宋徽宗瘦金体的影响和启发。

清代学者叶昌炽曾经评论唐代初年高祖、太宗时期的书法"如日初升，鸿朗庄严，焕然有文明之象"。隋唐结束了南北朝以来170多年的分裂局面，政治上的大一统促进了南北书法的交流融合。唐朝建立后国势日上、文明日新，也为书法注入了开拓进取的时代精神。以欧、虞、褚、薛为代表的初唐书法，正如初升的朝阳一样，开启了有唐一代承前启后、光耀千古的浩荡书风。

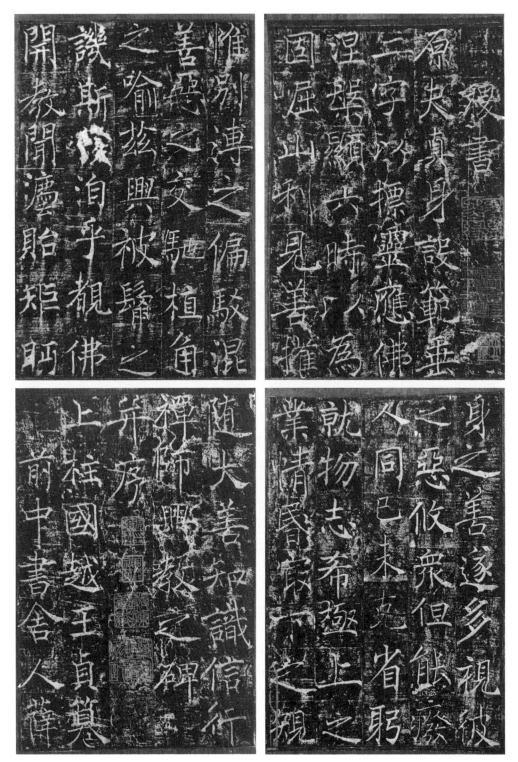

图26-4　宋拓唐薛稷《信行禅师碑》册

27

《仲尼梦奠帖》

盛世回响，又见大唐。

说起唐代大书法家欧阳询，许多人第一反应都会想到以他的姓氏命名的"欧体"楷书。这种欧体字影响了后世一千多年，几乎成为汉字中楷书的标准字体。直到今天，在电脑字库和正式出版物中，楷体字仍然是以欧楷作为标准的。

但若就此认定欧阳询只是一位楷书大家，那就不够全面了。

唐朝人张怀瓘写过一部书法理论名著，叫作《书断》。这部书对自古以来的重要书法家逐一进行点评，在谈到欧阳询的时候，说他"八体尽能"。也就是说对于大篆、小篆、八分、章草、今草、楷书、行书和飞白这八种字体都很擅长，是一位全能型的书法家。

在张怀瓘看来，八种字体中，欧阳询最为擅长的是飞白、楷书、行书和草书。今天，欧阳询的飞白和草书真迹都看不到了，非常难得的是，

图27-1　[唐]欧阳询《仲尼梦奠帖》

他的行书竟然还有几件墨迹流传下来。其中书法水平最高、最具代表性的，要属目前收藏于辽宁省博物馆的《仲尼梦奠帖》（图 27-1）。

《仲尼梦奠帖》是欧阳询晚年的作品。此时的欧阳询书法，在险劲峭拔的本色中融入了王羲之书风的平和妍妙，产生出一种寓险峻于平淡的趣味。

近代书法名家潘伯鹰先生曾经借用苏东坡《红梅》诗中的"故作小红桃杏色，尚余孤瘦雪霜姿"来比喻《仲尼梦奠帖》的书法风格。那么这两句诗用在这里应该怎样理解呢？

咱们且看《仲尼梦奠帖》第二行"彭祖"的"彭"字，第七行"所受"的"所"字，第九行"随形"的"随"字，再把唐摹王羲之《兰亭序》中相同的字拿来一比照就知道了，二者的用笔结构如出一辙，这是欧阳询学习王羲之书法的明显例证。此外，全帖在字体的姿态婉转、字间的映照顾盼方面，也有不少地方化用了王羲之书法的秀润、妍美和流丽。这便是《仲尼梦奠帖》中"故作小红桃杏色"的一面。

但欧阳询毕竟是自成一派的书法大家，无论怎样融汇取法前人，他险劲峭拔的本色，那种"孤瘦雪霜姿"，终究是不可磨灭的。在《仲尼梦奠帖》中，欧阳询用他擅长的辗转腾挪、营奇造险、收放擒纵的手法，把欧体行书中险峭的一面发挥得淋漓尽致。

第八行中"熟念善恶"的"念"字，起笔"人"字下方的笔画，全都紧靠在左边的长撇下，营造出一种向左倾斜的姿势。可这样一来，右边就显得很空，全字的重心就倒向左边了。怎么办呢？欧阳询在写"心"字的最后一点时，出人意料地回锋挑出点外，而斜向左上方。这一笔特别长，恰好补上了结构左右挪移而造成的空白，使全字重新归于平衡。真是"艺高人胆大"啊，这种奇险的手法，稍微处理不好就会造成败笔，欧阳询却是信手拈来。

全篇中类似这样的字例还有很多，比如"仲尼梦奠"的"尼"字，"周王九龄"的"龄"字，"形归丘墓"的"墓"字，"善恶报应"的"报应"二字，就像五岳中的西岳华山一样，奇峰突起，峭壁万仞，给人以惊心动魄的感觉。又好像芭蕾舞演员的舞姿，飞跃跳动，那难度极高的舞蹈动作既令人赏心悦目，又使人暗自心惊。

唐代以来的书法评论家在提及欧阳询时，对他书法中的险峭之姿都有一种共同的印象。张怀瓘说他"笔力劲险""若猛将深入""森森焉若武库之矛戟"。宋代的朱长文也说欧阳询行书"如龙蛇振动，戈戟森列"。纵览唐以前的历代书法大家，很少有表现出这种险峭凌厉风格的。那么欧阳询书法又为什么会呈现出这种风格呢？这还要从他的家世、生平和性格中去探寻消息。

欧阳询的家族是古代潭州临湘，也就是湖南长沙的一个豪族世家。他的祖父欧阳颁和父亲欧阳纥都是辅佐陈武帝讨平岭南、建立陈朝的功臣宿将，先后担任广州刺史十多年，颇有政绩。欧阳询也正好是在陈朝建立的那一年出生在广州。可陈朝是一个偏安江南、皇族内部斗争激烈的小朝廷。在新皇上台，剪除旧臣的形势下，欧阳纥被迫起兵造反，最后兵败被杀，欧阳家族也遭到灭顶之灾。

此时的欧阳询还只是一个年仅 14 岁的少年，多亏了父亲的好朋友，陈朝著名文学家和书法家——尚书令江总冒险藏匿并收养了他，教他读书写字。

公元 589 年，陈朝被隋军所灭，33 岁的欧阳询跟随养父北上客居长安。30 年后，隋朝灭亡。620 年欧阳询被隋末割据势力之一的东夏王窦建德留用，主管朝廷礼仪。两年后，窦建德被秦王李世民讨平，欧阳询作为降臣入唐，已经 65 岁了。

在唐朝，因为与唐高祖李渊有旧，欧阳询被任命为五品给事中，进入政府中枢机构参政，又参与撰写陈朝的史书，领衔编修名著《艺文类聚》，度过了一生中最为显达的时光。可惜好景不长，5 年之后，秦王李世民发动玄武门之变，杀死太子李建成和齐王李元吉，迫使唐高祖退位。欧阳询因为是李建成集团的成员，而被罢除国家中枢机关的职位，以 70 岁高龄，调入东宫担任太子的属官，直到 85 岁去世。

纵观欧阳询的一生，少年遭难，处世艰辛，中年以后，又接连经历改朝换代、权力更迭。在政治力量的角逐中，他始终不幸处于失败一方的阵营，屡次三番以降臣、旧党的身份进入新朝，其中的辛酸和屈辱是常人难以想象的。而且根据史书记载，欧阳询相貌丑陋，面如猿猴，身材也比较矮小，这在重视仪表风姿的唐代官场也是很大的缺陷。

如此人生逆旅，无疑给欧阳询的性格注入了超乎常人的坚毅刚强。出身名门、才华盖世的欧阳询想必在内心深处也有自己的一份自负和孤高，但在现实中却只能谨言慎行、小心翼翼地生存，而把这一腔孤愤、一世才华都寄托于自己的著作和书法，倾诉给后世的知音。

了解了这些，咱们再回过头看这件《仲尼梦奠帖》（图27-1）。

"仲尼梦奠"出自儒家五经之一的《礼记》，仲尼也就是孔子。据《礼记》记载，孔子晚年，有一天梦见自己安坐在殿堂前的两根楹柱之间。按照殷人的礼仪，这是人死后安放灵柩的地方。孔子的祖先是殷人，故此他感到这个梦是自己行将走到生命尽头的征兆。果然，卧病7天以后，他就去世了。

《仲尼梦奠帖》以"仲尼梦奠"开头，一共78个字，对古往今来，圣贤凡愚同归于寂灭发出了深沉的感慨，含有佛教人生无常、善恶报应的思想。

清人王鸿绪跋《仲尼梦奠帖》有云："《梦奠帖》为暮年所书，纷披老笔，殆不可攀。"在《仲尼梦奠帖》中所传递出的平淡冲和与峭拔倔强，是那位饱经沧桑、人书俱老的欧阳询，在人生暮年性格感情的自然流露，也是这位唐代书法巨匠，用他那支纷披老笔，向后世作出的生命告白。

图27-2 《明版彩绘圣迹图册》梦奠两楹

28

颜筋柳骨

盛世回响，又见大唐。

大唐天宝十四载（755）十一月的一天，唐明皇与他宠爱的杨贵妃正在长安城东面的骊山华清宫游宴享乐，忽然传来紧急战报，范阳、河东、平卢三镇节度使安禄山率军南下，正向洛阳和长安杀来。唐明皇听闻叛军所到之处，河北诸郡望风投降，痛心疾首地说："难道河北二十四郡，竟没有一个忠臣吗？"此时他还不知道，就在河北二十四郡当中，有一个人已经第一个，也是唯一一个举起义旗，对叛军进行了顽强的抗击。

这个人是谁呢？他就是唐代的大书法家，时任河北平原郡太守的颜真卿！

颜真卿虽然在后世以书法著称，但他实际上是一个具有政治和军事才能的人。早在安禄山发动叛乱之前，他就有所警觉，借着下大雨维修城墙的机会，暗自加固城防，聚集兵力，囤积粮草兵器，同时假装整日与宾客喝酒荡舟，骗过了安禄山布置的密探。等到叛军大起的时候，他与哥哥颜杲卿联合，占领战略要地土门，光复了河北十七郡，被推举为义军盟主。在叛军的疯狂反扑下，颜真卿的哥哥和侄儿最后都壮烈牺牲了。

后来的历史书上，把唐代这场持续了7年多的叛乱称为"安史之乱"。在这场叛乱中，大唐江山虽然最终由名将郭子仪、李光弼光复，但最初却是由颜氏家族惨烈的牺牲支撑的。

人们常说："书如其人。"像颜真卿这样一位义军盟主、抗敌英雄，他的书法又会是怎样的呢？让我们通过辽宁省博物馆"又见大唐"特展中的颜真卿书法碑帖《大唐中兴颂》来感受一下。

说起《大唐中兴颂》，来历可不一般，它的文章出自唐代著名文学家元结之手。当时，唐军收复长安和洛阳，取得了平叛的阶段性胜利。正在领兵镇守九江的元结听闻消息，欢欣鼓舞，挥笔写下了《大唐中兴颂》这篇雄文，对朝廷收复两京的中兴业绩进行了热情的讴歌。

但文章写好以后，元结并没有立即请人书写刻碑，而是一直在等一个人的到来。这个人就是颜真卿！大概在他看来，只有既是大书法家，同时又是抗敌英雄的颜真卿才最有资格书写这篇大文章吧。

这一等就等了10年。唐大历六年（771），已经在湖南祁阳退休隐居多年的元结终于见到了63岁的抚州刺史颜真卿。颜真卿没有辜负朋友的期望，用他那雄伟恣肆的颜体楷书，写下了《大唐中兴颂》全文。

辽宁省博物馆展出的这幅《大唐中兴颂》拓本（图28-1），字径大概有15厘米，是唐人楷书中少见的大字作品。全篇点画雄浑壮美，力透纸背，字形宽博厚重，庄严肃穆，好像庙堂上端坐的忠臣良将，正气浩然，坦坦荡荡地面对着世人。那种博大和崇高之美震撼人心，令观赏者肃然起敬。

这就是颜真卿的书法。它与其雄伟宏大的人生气魄和刚直忠烈的道德品格达到了完美统一。它完全不同于王羲之乃至"初唐四家"的楷书风格，像是由轻快的圆舞曲变而为雄浑的交响乐一般，发出了另一种音调。在唐初以来王羲之书风的笼罩下，以变法创新的大气魄，冲破了固

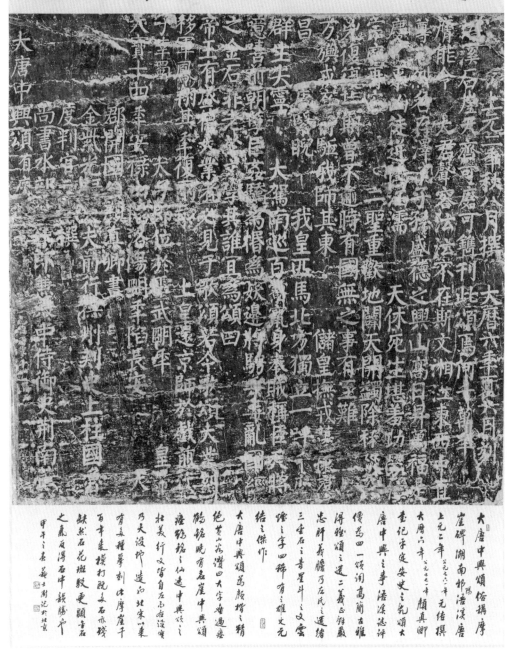

颜真卿书大唐中兴颂   龢士澍题

图28-1　清拓《颜真卿书大唐中兴颂》轴

195

有的窠臼，为后世书法开辟出了一条崭新的道路。对唐以后的书法家而言，颜真卿差不多是与书圣王羲之并列的一座绕不过去的高峰。

比颜真卿的时代稍晚，同样能够在唐朝中期以后的书坛上打开新局面的，还有与他并称为"颜筋柳骨"的柳公权。

柳公权的一生，像是为书法而生的。本来，他12岁就能写辞赋，博通经术，又懂音乐，不到30岁就高中了进士，仕途前景一片大好，可偏偏吃了字写得太好的"亏"。

唐穆宗一见柳公权就对他说："朕在佛寺里见到过你写的字，早就想和你见面了！"于是拜柳公权为右拾遗侍书学士。这种侍书学士的主要任务，是陪皇帝写字作诗，博得皇帝的高兴，看似荣耀，其实是被一般官员所轻视的。好在柳公权是个淡泊名利的人，他一声不响，全身心地沉醉在书法之中，在侍书学士任上，竟然经历了穆宗、敬宗和文宗三朝，晚年加封太子太保，到唐懿宗咸通初年，以88岁高龄谢世。

柳公权名气很大，字在当时就非常值钱。火到什么程度呢？当时公卿大臣去世，家里头需要写碑的，如果请不来柳公权写，人们就会骂这家的子孙不孝。外国使者出使大唐，都会携带专款来购买柳公权的字。前后几任皇帝对柳公权的书法和文才也都非常欣赏，将他比作魏晋时代的钟繇和王羲之。古往今来，书法家在生前所得到的称誉和荣宠，大概没有比柳公权更高的了！

柳公权的人生与颜真卿完全不同。他是一个比较纯粹的书法家，没有颜真卿那样波澜壮阔的经历和宏大雄伟的气魄，但宫廷侍书的生涯为他精心研习魏晋以来的书学提供了良好的条件。在欧阳询、虞世南、褚遂良和颜真卿等大家已经建立起一座座不可逾越的书法高峰的时代，柳公权硬是凭借自己独创的柳体楷书，跻身于一流书家行列。在他之后，唐代再没有这个量级的楷书大家出现。柳公权把唐楷精密的法度推向了极致，也成为唐楷的终结者。

咱们来看这册柳公权楷书代表作《玄秘塔碑》的宋拓本（图28-2）。全碑书法笔画劲健，斩钉截铁，有种凛然不可侵犯的气度。笔势方圆结合，既有欧阳询的紧密峭拔、褚遂良的婉丽多姿，又不乏颜真卿的厚实饱满，融汇了各家，又不同于各家，确实能够自出新意。

宋代大书法家米芾说："公权如深山道士，修养已成，神气清健，无一点尘俗。"柳字的一点一画，看上去就像经过了反复的提纯，渣滓都滤掉了，只剩下干净、洗练、清爽、强健。所以后人提起柳字，都说它有很强的骨力，与颜真卿书法的笔画圆厚、富有弹性相比，可并称为"颜筋柳骨"。

值得一提的是，柳公权书法的富于骨力不是单纯靠写字的功夫强加来的。中国书法史上有一个著名的"笔谏"故事，说柳公权有一次见到唐穆宗，皇帝问他书法用笔的方法。柳公权回答道："心正则笔正！"这哪里是谈书法，明摆着借题发挥，向皇帝进谏。要知道柳公权当时只是一个陪皇帝写写字的侍臣，敢这样说话，是要冒很大风险的。这反映出一个人骨子里刚直敢言的性格，柳公权书法的"骨力"，其实是他这种性格的流露。

由于颜真卿和柳公权书法对后世影响巨大，宋代以后，"颜筋柳骨"成为一个固定成语，专门用来形容一个人书法造诣的高超和书法作品的精彩。直到今天，小朋友们初学书法，还常常从颜真卿和柳公权的经典碑帖入手。"颜筋柳骨"这个从大唐时代延续而来的书法传统，在今天依然富有持久的生命力。

图28-2　南宋拓唐柳公权《玄秘塔碑》册

29

笔墨淋漓《千字文》

盛世回响，又见大唐。

古往今来，书法家在挥洒翰墨的时候，对书写内容都很有讲究。一幅美妙的书法，如果写的又恰好是一篇精彩的文章，就更能相得益彰，给人以美的享受。所以书法史上，常常有一篇文章被不同时代的书法家反复书写的情况，比如前面介绍过的王羲之名作《兰亭序》就是这样。

但假如有人问："历史上最为书法家们青睐，书写最多的是哪一篇文章呢？"那么答案一定会是《千字文》。

关于《千字文》的来历，有一个传奇的故事。在距今 1000 多年前的南北朝时期，梁朝的建立者梁武帝萧衍，是书圣王羲之的"铁杆粉丝"。他命人在全国范围内搜罗王羲之的一切书法手迹，珍藏在皇宫里，不时欣赏把玩。有一天，梁武帝突发奇想，给手下的文臣周兴嗣布置了一项奇特而艰巨的任务，让他把王羲之的 1000 个互不重复的单字墨迹组织成文句，而且还要有内容意义、文化知识和格律音调，让人喜欢诵读。据说周兴嗣为了在限期内完成任务而废寝忘食、呕心沥血，头发胡子一夜之间全白了，终于创作出《千字文》这篇不朽之作。

"天地玄黄，宇宙洪荒。日月盈昃，辰宿列张……"周兴嗣这位超凡的天才，竟然把这1000个零散的单字用四言一句的形式，组成了一篇天地自然、人文历史无所不包的中华文化的小百科全书。而且词句美妙，音韵和谐，读起来朗朗上口，容易背诵，又因为包含不同的汉字，有识字课本的功能，所以历来为儿童启蒙教材的首选。直到今天，人们路过校园街巷，还经常能听到朗诵《千字文》的书声。

这些零散的小纸片，原本杂乱无章地躺在梁武帝的皇宫里，现在组合在一起，不就等于一下子变成长篇大幅的王羲之书法巨作了吗？

可惜，梁武帝收藏的那1000个王羲之的字没能保存下来。今天我们所能见到的最早的《千字文》书法墨迹，是隋朝书法家——王羲之的七世孙智永禅师的《真草千字文》（图29-1）。

真书也就是楷书，据说智永禅师最喜欢用真书和草书两种书体临写《千字文》，一共写过800多本，都送给浙东一带的寺庙，作为人们习字的范本。现在在东邻日本，还保存有其中的一卷。

智永禅师是书法史上承前启后的一代大师，所以他书写《千字文》的传统也被后世的书法家们继承了下来。历朝历代有名的书法家几乎人人都写过《千字文》。这次辽宁省博物馆"又见大唐"特展上，展出的就有3件唐人写本，分别是欧阳询行书《千字文卷》（图29-2）、孙过庭草书《千字文》第五本卷和高闲草书《千字文残卷》。

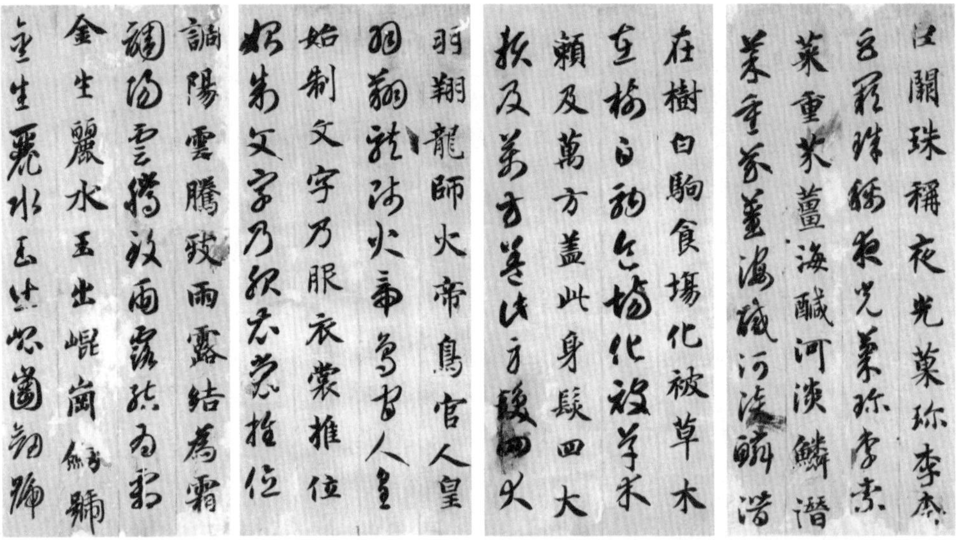

图29-1 [隋] 智永禅师《真草千字文》（局部）

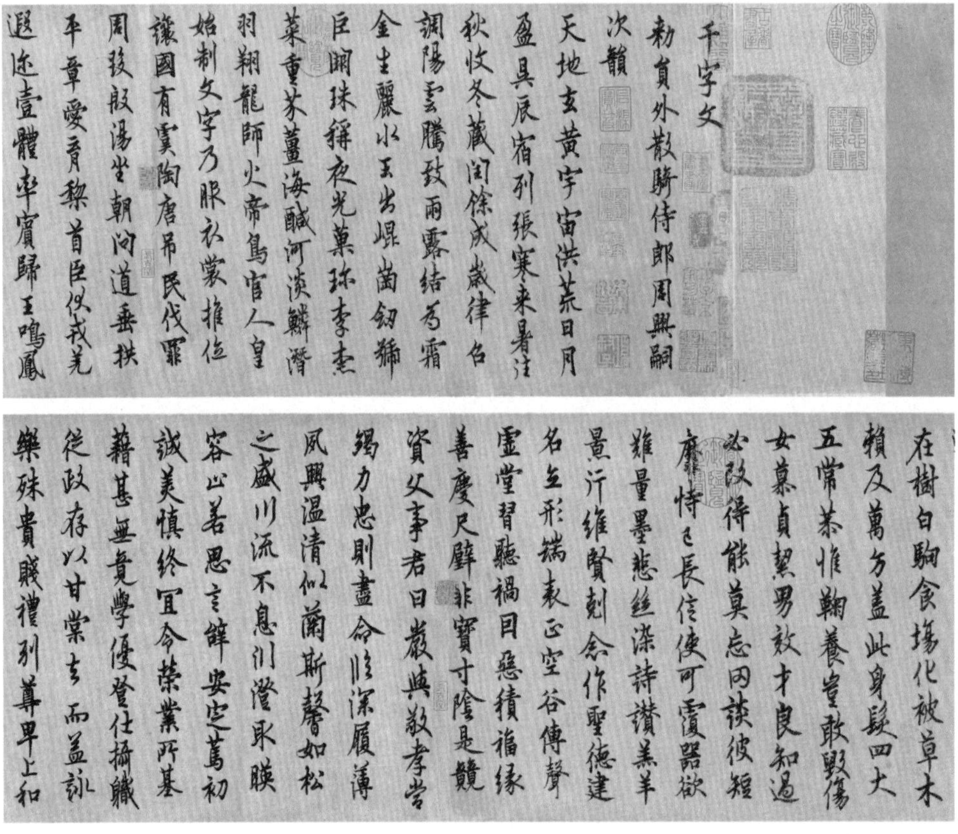

图29-2 [唐] 欧阳询行书《千字文卷》

前面已经欣赏过欧阳询的行书代表作《仲尼梦奠帖》了，尽管十分精彩，可毕竟总共只有 78 个字，让人看了未免有不够过瘾的感觉。现在这卷欧阳询行书《千字文》，相当于一部欧体行书大字典，为我们展示出1000 个互不重复的欧体行书单字，各种结构、姿态和写法应有尽有。尽管比不上《仲尼梦奠帖》那样炉火纯青、人书俱老，可还是能够让我们对那种劲险刻厉、锋芒逼人、结构严谨、瘦硬挺拔的欧体行书风格体会得更加丰富和深切。

下面再来看另一件《千字文》墨迹——孙过庭草书《千字文》第五本卷。提起唐代书法家孙过庭，可能大家不太熟悉。的确，这个人一生没有做过什么大官，去世又比较早，史书上对他的记载非常简略，甚至连“过庭”到底是他的名还是字，以及他的籍贯和官职，等等，都说得含含糊糊。幸好孙过庭有一位好友——初唐时期著名的大诗人陈子昂替他写过一篇墓志和一篇祭文，才使后人增加了一些了解。

孙过庭生活的年代比欧阳询晚一些，差不多与“初唐四家”中的薛稷年龄相仿。根据陈子昂的记载，此人一生很不得志：该上学时没有老师培养传授，该做官时没有伯乐赏识提拔，直到 40 岁，才做了几天率府录事参军的小官，又因为受人诋毁而丢了职位。丢官以后，孙过庭抱病潜心研究书法，撰写书论，可惜还没有完稿，就在贫病交加中暴卒于洛阳的客舍。所以陈子昂说孙过庭是“有唐之不遇人也”，意思是大唐时代一个怀才不遇的人。

可谁又能想到，这样一个“有唐之不遇人”，死后在书法上的声名却日重一日。他的草书，被后人认为是对王羲之一派草书的最忠实的继承和发扬。他为后世留下一卷用草书写成的《书谱》（图 29-3），既是历史

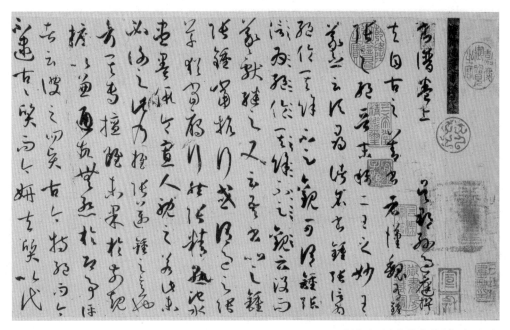

上最重要的书法理论著作之一，又是一卷精彩绝伦的传世书法经典。直到今天，孙过庭的《书谱》还是人们学习草书时的必修功课。学草书而不学《书谱》，简直就像读唐诗而不读李杜一样！

辽宁省博物馆展出的这卷孙过庭草书《千字文》（图29-4），与孙过庭传世名作《书谱》的草书风格不太一样。它是孙过庭38岁时所写的，通篇书法十分精熟，字与字之间上下贯通，上一字的结尾笔画与下一字的起始笔画紧紧地呼应、连接着。在用笔方面，全卷笔画圆转流畅，含蓄不露，功力都蕴蓄在点画之中，不轻易表现出来，显得沉着而飘逸，劲健而婀娜。

卷末的落款处，明白地写着"孙过庭书第五本"。也就是说，这只是孙过庭书写的许许多多本《千字文》中的第五本而已。那么，孙过庭在《千

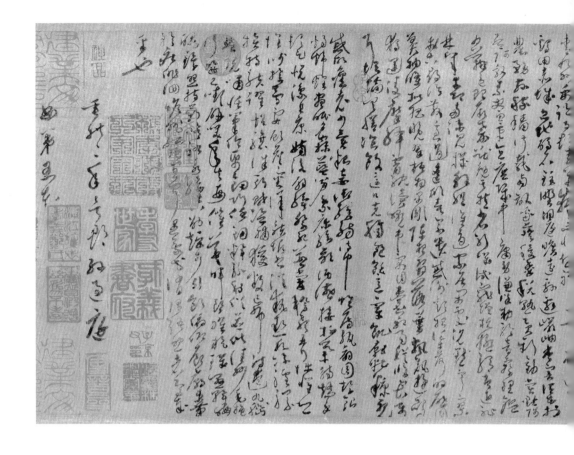

字文》上下过多少功夫，也就可想而知了。

　　"又见大唐"特展中展出的第三件唐代《千字文》书法，是中晚唐时期的僧人高闲的草书《千字文》残卷，风格更加恣肆奔放。作为唐代僧人书法的典型，稍后，我还会为您详细介绍。

　　展览中的 3 件唐人书《千字文》，令我不禁想到，中国历史上这篇

图29-4 [唐]孙过庭草书《千字文》第五本卷

旷世名文，在它问世后的一千多年间，就是这样被一代又一代地反复诵读着、书写着。这一卷卷笔墨淋漓、气韵生动的《千字文》，穿越历史，展现在世人面前，不也正是中国传统文化代代相传、延绵不绝的真实见证吗？而今天，对于《千字文》的学习、诵读和书写还在继续着、发展着。"天地玄黄，宇宙洪荒"的朗朗书声和淋漓笔墨，还将一代代永远地传承下去。

30
大唐：乐舞时代

盛世回响，又见大唐。

俗话讲："文无第一，武无第二。"可就音乐舞蹈来说，曲子奏起来，舞姿动起来，哪个强，哪个弱？谁有门道，谁只是热闹？懂的人一听一看，也就明白了。

大唐贞元年间，长安城闹市区里就上演了这么一幕。

那年关中大旱，德宗皇帝急忙下诏在城南求雨。仪式上需要有人演奏，就得事先选出高手。按说皇宫内院什么高手没有？可那会儿已经是中唐了，不像玄宗在的时候，这方面人才一抓一大把。怎么办呢？德宗皇帝想，不如先搞个擂台赛，比比吧。

诏书颁布，街上可就热闹了，虽说为求雨，可也跟过节似的。东大街率先搭起一座彩楼，装点得花团锦簇，请本地琵琶演奏家康昆仑登台。这康昆仑号称琵琶大王，人气极旺，还没出场呢，各路粉丝早把周边挤了个水泄不通。

一曲时兴的《绿腰》弹过，众人如痴如醉，热烈欢呼！还比什么呀？胜出者非康昆仑莫属了！

可就在这么个工夫，西大街的彩楼上，也传来动静了。

众人定睛一瞧，原来是一位瘦瘦小小的女郎，怀抱着乐器走上去，正在那拨弄调试。

"哥哥""兄弟"这谁呀？没见过啊。

只听女郎清清嗓子，慢条斯理地说："我也想弹这个曲子，只不过，换个调儿吧。"底下哄地一声全笑了，为什么？那《绿腰》可是康昆仑最拿手的，成名作兼代表作，挑这个，不是净等着出丑吗？

再看女郎，倒还镇定，调好了弦，手轻轻一挥，就进入状态了。

《绿腰》，又写作《六幺》，您还记得白居易的《琵琶行》里有一句"轻拢慢捻抹复挑，初为霓裳后六幺"吗？说的就是这个。在当时，不光是有名的乐曲，也是有名的舞曲。节奏上，开始非常轻盈，非常慢，越到后来越快，也不光是快，还得有层次，还得美。

谁也没想到，那个女郎，甫看她又瘦又小，可瘦小的身躯里居然藏着强大的爆发力和节奏感。开始谁也没拿她当个事儿，可听着听着，所有人都听进去了。随着她灵动的指法，乐音低回的地方，像莲花在细浪中摇曳；急切的地方，又像瑞雪在大风中飞扬。

等演奏结束，好家伙，偌大一个闹市区，居然安静得只剩下人的呼吸声，还都不是那种大气儿的呼吸，都屏着呢。

一片沉寂中，但见一个人噔噔噔跑上彩楼，扑通跪倒在女郎面前，大呼一声："请您收我为徒吧！"此人正是康昆仑。

女郎没作声，转入里间，不久更衣出来，所有人都傻了，原来，哪有什么女郎啊，竟是一位如女郎般眉清目秀的和尚。

出家和尚扮个大姑娘，用一曲《绿腰》盖过了琵琶大王康昆仑，这件稀奇事，当天就传进宫里了。德宗皇帝也觉得不可思议，把这俩人儿都宣上殿来细细打问一番。敢情怎么回事啊？原来，是西街上一个富户，一直不满东街，觉得什么事儿都是你东街压我西街一头，这回好，奉旨打擂，动静大，我得利用这机会也压压你们。这人私底下知道庄严寺的善本和尚琵琶了得，可从来不显山不露水，藏着。就跑到寺里找方丈，施舍了一大笔钱，只提一个请求，你得帮我搬动善本师父出回山。就这么着，一鸣惊人，居然闹到皇上面前了。

这件事，记载在一部重要的中国音乐史料集《乐府杂录》里，编纂者段安节是唐朝宰相段文昌的孙子、大词人温庭筠的女婿，本身就是从那个时代过来的。所以事儿虽然奇，八成是真的。

这还没完，德宗皇帝知道了始末缘由，挺高兴，对善本说："既然康昆仑愿意跟你学，你也别藏着掖着啦，教教他，收他做个徒弟。"

善本和尚微微一笑："万岁，那就请他再奏一曲听听吧。"

欸，有门儿，康昆仑来了劲了，使出浑身解数，把打小就练熟了的一支曲子翻出来，连皇上都不住地点头。

可没想到善本和尚听完以后，叹了口气："可惜，当初学杂了，怎么还有点儿旁门左道的路数在。""哎哟，您太厉害了，连这个都能听出来？"康昆仑佩服得五体投地，"没错，小时候刚学琵琶那会儿，教我的是我们家一邻居，跳大神儿的。后来长大了点儿，陆陆续续又跟过好些师父。"

"这就对了。"善本和尚重新撩衣服跪倒，回奏皇帝："请陛下令康昆仑十年不得再碰琵琶，把所学的全部忘掉，小僧才有把握教他。"

德宗准奏！《乐府杂录》里给这事儿画了个圆满的句号：10年后，康昆仑从头学起，尽得善本真传。

有唐一代，音乐歌舞大发展、大繁荣，是此前魏晋南北朝分裂时期所无法想象的。

那时候划江而治，南是南、北是北。虽然也有文化交流和民族融合，可是对于绝大多数人来说，南方的，提到北方的金戈铁马，更多是惧怕；北方的，提到南方的杏花春雨，也只能是遥想。北方之雄伟山川、广袤大漠，南方人一辈子也没法踏足；南方之丝竹小调、曼舞轻歌，北方人一辈子也无缘聆听。

到了唐朝，局面彻底变了。南北一统，江山稳固，社会安定，交通便利。从唐诗里就可以看出来，文化人像安装了GPS定位的空降部队，一会儿出现在浙东的山水之间；一会儿站在了西域的烽火台上；一会儿踏上危乎高哉的蜀道；一会儿又突发奇想，来一趟仗剑去国、说走就走的远游。

东、西、南、北，世界的，就是中国的；歌、舞、诗、乐，融合的，也是创新的。

唐太宗贞观十六年，即公元642年，皇帝把宴饮时经常演奏的宫廷音乐按照发源地的不同分为十大类，这就是后人常说的大唐"十部乐"。

光听这些名字，您就能感受到背后是怎样一番大国气象。这十部乐分别是清商乐、西凉乐、龟兹乐、天竺乐、康国乐、疏勒乐、安国乐、高丽乐、燕乐和高昌乐。

请注意，这时候，不同的音乐风格还能根据发源地，分得清清楚楚。等再过个几十年，它们在大唐进一步融合所形成的新的音乐风格里，就

图30-1 唐韩休墓壁画《乐舞图》

你中有我、我中有你，分不那么清了。

《旧唐书·音乐志》里怎么讲？"陈梁旧乐，杂用吴楚之音；周齐旧乐，多涉胡戎之伎。"南方的、北方的、中国的、外国的，兼收并蓄一勺烩了，又该怎么分呢？

这个难题，被甩到了唐玄宗李隆基的面前。

历史上，以艺术修养著称的皇帝，三个人最拔尖——唐玄宗李隆基，擅长音乐；南唐后主李煜，擅长诗词；宋徽宗赵佶，擅长书画。

李隆基给音乐分类的办法，相当巧妙，也相当偷懒。

他就分两大类："立部伎"和"坐部伎"。

坐在屋里演奏的，一律叫"坐部伎"；站在外面演奏的，一律叫"立部伎"。所谓"伎"，是指唐朝宫廷音乐机构——教坊、梨园、太常寺等集中的专业人才。

这里边有个区别，"坐部伎"因为是室内演出，规模小，人也少，所以艺术上要求更高；"立部伎"因为是户外演出，排场大，人数多，所以以气势取胜。唐玄宗就立过一道规矩："坐部伎"水平最高、待遇最好；有不称职的，那就麻烦您甭坐了，去外边"立部伎"里回回炉；要是还不行，连"立部伎"也待不住，被淘汰了，也给出路，去"雅乐"团吧，就是皇家举行祭祖大典的时候，负责伴奏的乐团。那位说不对吧？这不是糊弄祖宗吗？其实，所谓雅乐就是烘托个气氛，旋律简单，节奏平平，本来就不需要多少演奏技巧。

皇家是这样享受音乐的，再看民间，也毫不逊色。

您知道吗？当年唐诗都是能唱的，有些还被广为传唱、妇孺皆知，丝毫不亚于今天周杰伦的歌曲。

有个很出名的故事，叫"旗亭画壁"。"旗亭"就是酒楼，酒旗子迎风招展。

话说唐玄宗开元年间的一天，下着小雪，三位诗人：王昌龄、高适和王之涣，结伴去酒楼小酌。这三位您应该不陌生，都是赫赫有名的边塞诗人。

正喝着，忽然一位梨园班头带着十几位女弟子登楼，也来这里宴饮，三位诗人就回避到了里间。

不一会儿，乐声响起，都是当时的流行歌曲。王昌龄几个就悄悄约定，平素咱们在文坛上也人五人六的，可究竟谁高谁低一直分不出来。今儿也赶巧了，等会儿哪位的诗作被这些歌女弹唱得最多，咱们就服气他是老大！

一位歌女率先唱道："寒雨连江夜入吴，平明送客楚山孤。洛阳亲友如相问，一片冰心在玉壶。"甭问，是王昌龄的《芙蓉楼送辛渐》。那王昌龄听了就很得意，伸手在墙上画了一道："我的。"

第二位歌女又唱："开箧泪沾臆，见君前日书。夜台今寂寞，犹是子云居。"这首诗咱们不熟悉，是高适的一首悼亡之作，朋友不在了，自己看到遗物，泪洒衣襟。高适听了，点点头，也伸手在墙上画了一道："我的。"

等第三位歌女开口，众人一听，又是王昌龄的绝句，哈哈，王昌龄边画边嘚瑟："我两首了。"

这时候王之涣脸上有点挂不住了。他觉得自己成名已久，写的也不赖，咋这帮歌女这么不识货呢，就愤愤地说："你俩别得意，刚才唱的那几个，一看就是庸脂俗粉，阳春白雪之作哪里是她们驾驭得了的？"伸手一指："那个，看到了吧，最漂亮那个，待会儿她要开口，唱的还不是我的，干脆，我以后也甭写诗了。可要真是我的，那对不住，咱们算打个赌啊，您二位就这儿给我磕个头，拜我为师得了。"仨人一阵儿说笑。

过了会儿，果真轮到那位最漂亮的姑娘唱了。只见她轻启朱唇："黄河远上白云间，一片孤城万仞山。羌笛何须怨杨柳，春风不度玉门关。""嘿！"王之涣一拍大腿，"我的《凉州词》啊！怎么样？土包子们，我没说错吧！"三位诗人哈哈大笑。

笑声传到屋外，众歌女莫名其妙，纷纷走过来问："列位大人，不知所笑何故啊？"当听说刚刚自己唱的，就是面前这三位的作品，赶紧施礼下拜："小女子俗眼不识神仙，祈望列位大人屈尊，与我们同饮吧。"于是众人兴高采烈，欢宴了一天。

这个故事，是关于唐诗入乐的最生动的写照。

图30-2 唐墓乐俑六件 横笛

图30-3 唐墓乐俑六件 拍板

图30-4 唐墓乐俑六件 排箫

图30-5 唐墓乐俑六件 琵琶

图30-6 唐墓乐俑六件 笙

图30-7 唐墓乐俑六件 竖箜篌

不过据研究，唐诗入乐，最受人欢迎、最脍炙人口的，还不是这三位的作品，谁的呢？我一说您准保知道，王维的《渭城曲》，又叫《送元二使安西》，又叫《阳关三叠》。

"渭城朝雨浥轻尘，客舍青青柳色新。劝君更尽一杯酒，西出阳关无故人。"别看它简单，情感很深沉，意境很清新，又带点儿忧郁气质，所以迅速流传开来，家喻户晓。

白居易有句诗："相逢且莫推辞醉，听唱《阳关》第四声。"意思是说，朋友啊，聚在一起就是缘分，别推说酒量小，干了吧！要是不敞开喝，你听，《渭城曲》的第四声怎么唱的？白居易问完，自己在后边添了个注："第四声：劝君更尽一杯酒，西出阳关无故人。"

跟白居易同时代，有位官员叫刘伯刍，是刑部侍郎。在他家巷子口，有一个卖饼的小店。每天早晨刘伯刍上班经过的时候，都能听见那里边的小老板"讴歌而当炉"，也就是一边卖饼，一边唱歌。您别说，唱得还真不错，其中就包括《渭城曲》。

这刘伯刍老听老听，听习惯了，看小店生计也不容易，就想帮帮他，别哪天经营不下去，自己不是也没歌听了嘛？怎么帮呢？出一万块钱，好比说这饼一块钱一个，我先订一万个，你慢慢做，慢慢还，好歹本钱先装进口袋里了。

可是打那以后，奇了怪了，小店里再也没有歌声了。刘伯刍把他叫过来，说你怎么不唱了呢？卖饼那位一脸委屈："哎哟，大人，这哪儿怨我呀，自从您老赏了我这一万块钱，我是压力山大。一想，欠您一万张饼呢，怎么赶工才能还上？脑子里全这事儿，哪还有心思唱什么《渭城曲》啊！"

话说回来，声乐多姿多彩的背后，也有同样多姿多彩的器乐的支撑。这里边包括制作工艺的提高，也包括外来乐器的加入。

从唐代社会主流来说，因为受北朝文化影响，最喜欢的，首选胡乐，特别是动静大、节奏感强的乐器，比如唐玄宗为了练羯鼓——一种大月氏人发明的鼓——打断的鼓槌据说能装满几柜子。演奏的时候呢，他双手疾如雨点，却能够保持身姿不动，从背后看，简直看不出他是在打鼓。这就到了极高的水平了。

有一年的早春二月，头天夜里刚下过小雨，早晨起来，空气特别清新，玄宗皇帝来了兴致，命高力士在御花园里给他支开鼓架子，咚咚咚就奏了一曲自己编的《春光好》。完事以后，身边人惊奇地发现，刚刚那柳树条、杏花枝上还光秃秃的呢，这么一会儿工夫，居然冒出新芽来了。

与羯鼓那样热热闹闹的家伙事儿不同，古琴，又叫瑶琴，是中国本土的创造，有一种沉静内敛的气质。放在唐朝，多少有点儿吃亏。《唐国史补》里就记载过两位古琴家的感慨，说当时一场演出，三分之一是古筝，三分之二是琵琶，合着没我们什么事儿啊。

不过在中国古琴发展史上，唐朝是古琴形制和样式的形成阶段，也涌现出成都雷氏家族那样的斫琴世家，连续三代，9位姓雷的，号称"蜀中九雷"。这次"又见大唐"特展上展出的这张"九霄环佩琴"（图30-8），就是他们的作品。而传为周昉所绘的《调琴啜茗图》（图30-9）上，我们也能看到当时贵族女性一边品茶、一边欣赏古琴的场景。那上面的古琴，与今人常用的，已经没有任何区别了。

据说古琴最早只有五根弦，内合五行：金、木、水、火、土；外合五音：宫、商、角、徵、羽。后来周文王被囚禁在羑里的时候，因为

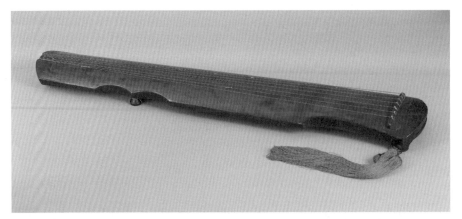

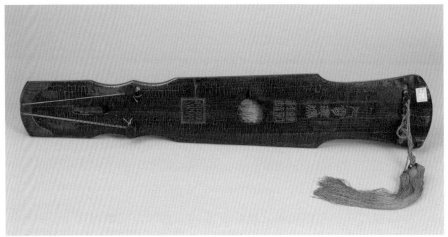

图30-8 九霄环佩琴

图30-9 [唐] 周昉《调琴啜茗图》（传）

思念死去的儿子伯邑考，特别加了一根弦，人称"文弦"。等到武王伐纣，为鼓舞士气，又加了一根，是为"武弦"，从此固定下来，古琴的别名也便成了"文武七弦琴"。

"泠泠七弦上，静听松风寒。古调虽自爱，今人多不弹。"

大唐乐舞时代已然远去，但我相信，不论何时何地，如"文弦"般凝结着真挚之爱的旋律，以及如"武弦"般反抗强暴、憧憬光明的心曲，一定会在不同的乐器、歌喉与舞姿中活跃跳荡、万古长青！

31

僧人书法家

盛世回响，又见大唐。

现代著名学者、书画家启功先生在回忆自己的老师——近代史学四大家之一的陈垣先生时，曾经提到，陈先生特别重视古代和尚的书法。启功先生于是也开始留意收集和学习和尚写的字，书法果然长进了不少。正如陈垣先生指出的那样，僧人书法在我国历史上源远流长，对推动书法艺术的发展起过至关重要的作用。

历史上最早的僧人书法大家是谁呢？

我想，应该首推王羲之的七世孙——隋代高僧智永禅师。

智永生活在六朝书法向唐代书法过渡的关键时期，是书法史上承前启后的一位重要人物。据记载，他曾经在浙江永欣寺的阁楼上闭门学书，30 年不下楼，终于习得王羲之的真谛。后来因为登门求书者众多，住处的门槛几乎都被踏破了，只好用铁皮包裹起来，人们就把智永的住处称为"铁门限"。

智永和尚的书法对后世影响极大，隋唐之际的僧人书法家智果、辩才，以及"初唐四家"之一的虞世南，都是他的学生。

唐代是书法和佛教都极为兴盛的时代，擅长书法的僧人很多。仅陶宗仪《书史会要》一书中记载的唐代有名的书僧，就多达 28 位。而在众多僧人书法家中，要说声名最煊赫，笔法最精妙，影响最深远的，非怀素莫属。

怀素是湖南长沙人，生活在盛唐和中唐时期。他自幼出家为僧，但性情疏放，不拘小节，喜欢喝酒。每当酒酣兴起，就在寺院的墙壁、衣裳和器皿上挥洒翰墨、大写草书。

当时有人作诗形容怀素醉后的情景说："十杯五杯不解意，百杯已后始颠狂。一颠一狂多意气，大叫一声起攘臂。挥毫倏忽千万字，有时一字两字长丈二。"

前面介绍过，盛唐时期的草书家张旭"每大醉，呼叫狂走，乃下笔"，绰号"张颠"。怀素这种醉后狂放的书写状态与张旭十分相似，二人又是前后相继的书法大家，所以众论都说怀素能"以狂继颠"，把他们并称为"颠张醉素"。

怀素最著名的作品是收藏在"台北故宫博物院"的《自叙帖》（图31-1）。这是他晚年书法成熟时期写的一幅草书长卷，笔势圆转飞动，变化莫测，仿佛龙蛇飞舞，纵横恣肆，连绵不绝，真正达到了一种大醉癫狂、自由烂漫的境界。这种草书写法源自东汉人张芝，正式名称应该叫"大草"，因为字势狂放的缘故，又称"狂草"。后世公认，中国书法史上，"颠张醉素"是狂草的最高典范。

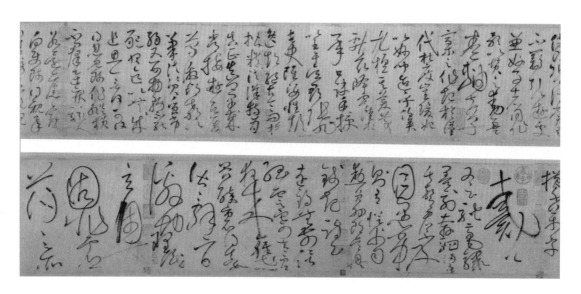

图31-1 [唐] 怀素《自叙帖》（局部）

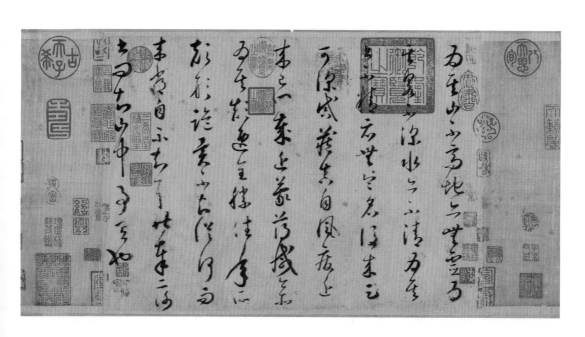

图31-2 [唐] 怀素《论书帖》

《自叙帖》充分表现了怀素书法之狂，而辽宁省博物馆展出的《论书帖》（图31-2）则透露出怀素书法的另一种面貌。

《论书帖》是怀素写给朋友的一封信札，内容主要谈论书法。虽然也是草书写就，但几乎看不到《自叙帖》那种狂放的体势。全篇书法规规矩矩，平淡自然，结体严谨，章法整饬，点画的牵丝映带交代清楚，正是王羲之那种中正平和的魏晋草书法度。

从表面上看，《论书帖》和《自叙帖》之间似乎存在着巨大的反差和矛盾，实质上二者是相反相成的。

狂草看上去狂放不羁，但绝不等于潦草随便、毫无规则。相反，要写好狂草，非得具备严谨的法度和深厚的功力不可。元代大书法家鲜于枢说："怀素守法，特多古意。"明代大书法家文征明也指出，怀素的书法虽然看起来狂怪怒张，但仔细探求其中的一点一画，很少有不合于规范的。现在，我们只要简单回顾一下怀素的学书经历，就不难理解其间的风格演变。

根据他的好友——"茶圣"陆羽的记载，怀素早年家贫，买不起纸，便在一片荒地上种植了一万多株芭蕉树，用芭蕉叶来写字。芭蕉叶不够用的时候，他就在刷过漆的光滑的木盘和木板上反复练习，久而久之，盘子和木板竟然都被写穿了。这种近乎痴迷的勤学苦练，为他后来的书法成就打下了极为坚实的基础。

为了开阔眼界，寻访名师，怀素又特意前往长安，在那里观摩了许多古代书法家的遗迹，并向张旭的学生邬彤学习笔法。后来在洛阳，他又遇到张旭的另一位学生——大书法家颜真卿，得到其传授和点拨。在学习前人的基础上，怀素又进一步师法天地自然，从夏云奇峰、变幻无常中悟得草书之道，终于书法大成。

我们从《论书帖》里看到的，正是那个在书法艺术上钻研探索、精益求精、广泛学习前人法度的怀素。可以说，没有《论书帖》扎实沉着的传承积淀，也就没有《自叙帖》汪洋恣肆的自由挥洒。

在"又见大唐"特展中，除了怀素《论书帖》之外，还有一件僧人书法家的墨迹也十分引人注目，就是前面提到过的——高闲草书《千字文残卷》（图31-3）。

高闲大约生活在中晚唐时期，是继张旭、怀素之后，又一位在草书方面享有盛名的唐代书法家。宋代四大书法家之一的黄庭坚曾经说过，自己学习草书30年，经历了三个不同的阶段，最后正是在唐代张旭、怀素和高闲的墨迹中，窥见了草书笔法的奥妙。

高闲的草书首先是努力向他的前辈张旭和怀素学习，这一点从他《千字文》笔势的连绵纵逸上就可以看得出来。

其中"诛斩贼盗，捕获叛亡"这几行字，毛笔上的余墨已经不多，全用瘦劲的飞白笔画一气写成，给人一种迅疾的速度感。而紧接着的"布射僚丸"四个字，又饱蘸浓墨来写，既出乎意料，又合乎自然。结尾的时候，字形陡然增大，纵横飞舞，最后以一个巨大的"也"字，为全卷画上了饱含感情的惊叹号。

但如果拿这卷《千字文》与张旭、怀素的墨迹相比较，就会发现，高闲的草书其实是似狂而非狂，笔画在圆转外多用方折，气韵在飘逸中蓄含庄重。实际上，是继承了隋代智永禅师楷书和草书并重的传统。与张旭和怀素相比，高闲草书中常常寓有楷书的笔意。比如这件《千字文残卷》开头部分，"枇杷"的"杷"字和"梧桐"的"桐"字，就几乎是以类似楷书的方折笔法写出来的。

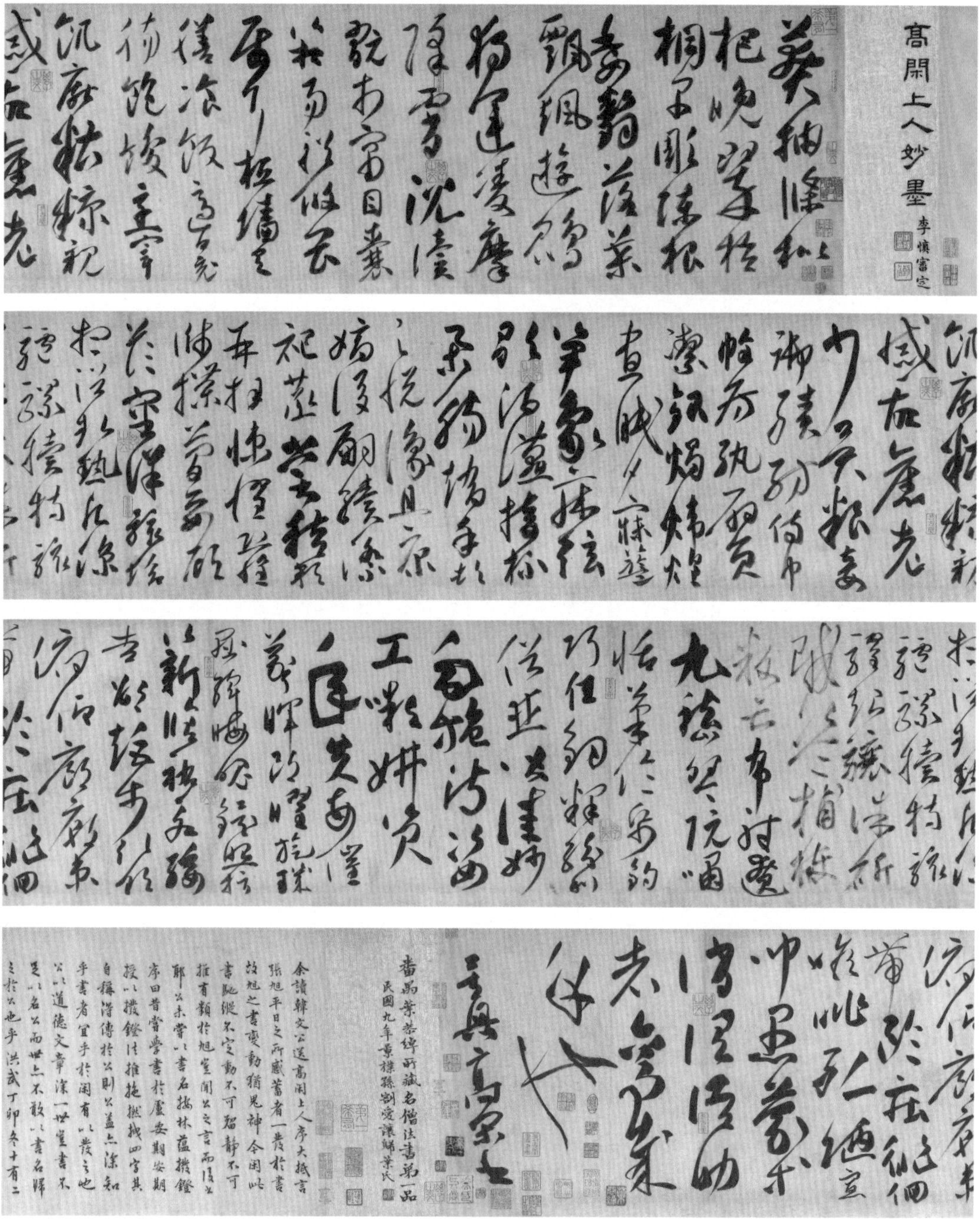

图31-3　［唐］高闲《千字文残卷》

因为在佛学和书法上的成就，高闲曾经受到过唐德宗的接见，并得到御赐紫衣的荣誉，当时号称"十望大德"。但他其实并不在意这些世俗的荣宠，后来离开长安，又回到了最早出家的湖州开元寺，终老在这里。高闲很喜欢在湖州当地产的白麻布上，用楷书或者草书写佛经和诗文，写完便送给人们作为学习书法的范本。高闲的弟子鉴宗和尚，后来也传承了他的笔法。

回顾唐代的僧人书法家，无论是怀素还是高闲，书法对他们而言都不是求取功名利禄的工具，而是一生情怀之所钟、生命之所寄。

大唐三百年，书法在僧人之间有如佛法衣钵相传一般流转不绝，人才辈出，俨然形成了一个僧人书法的流派。以怀素和高闲为代表的僧人书法家们，无疑在大唐，乃至整个中国书法和艺术史上留下了浓墨重彩的一笔。

32

翰墨遗珠《砖塔铭》

盛世回响，又见大唐。

唐代是我国石刻书法艺术如日中天的时代，保存至今的石刻遗产也最为丰富。那些山岩石壁上的摩崖文字、陵墓祠庙前的传记石碑、地上地下的塔铭墓志、山巅水涯的题名题诗，就像一颗颗璀璨的明珠，闪耀在历史的长河中，为后人所珍视和爱惜。

前面已经介绍过不少大师巨匠的碑刻书法经典了，今天再来看一件出自唐代非著名书法家之手的《王居士砖塔铭》。

事情还要从明朝末年说起。

明万历或者崇祯年间的某一天吧，一位农民，在陕西西安城南——终南山梗梓谷的百塔寺里，偶然挖到一块方方正正的石板，上面工工整整地刻着200多个汉字，像是一件古时候的文物。

按说，在陕西西安这么个十三朝古都，出土些什么秦砖汉瓦的也并不算一件稀奇事，但像这样有着许多文字记载的古代物件，还是有它不同寻常的价值。

很快，古物出土的消息引起了学者和收藏家们的注意，人们好奇，这究竟会是一件什么样的石刻呢？

当闻讯而来的人们小心翼翼地拂去表面灰土，看到石刻上的文字的时候，第一印象不是关注到它写的内容，而是一下子被它的书法之美给深深震撼了。人们发现，无论是点画的瘦劲秀丽，还是结构的飘逸舒展，这方石刻上的书法都酷似唐代大书法家褚遂良的手笔，而风格的圆润温厚，又隐隐可见"初唐四家"之一的虞世南的笔意。一时间，石刻的拓本大受追捧，供不应求，竟然也跟许多古代书法大家的碑帖一样，被众人当作习字时临摹的范本了。

那么，这方石刻究竟是哪个年代的遗存？又记载了哪些内容呢？

通过阅读上面的文字，人们了解到，这是一方唐代石刻，正式的名称叫作《王居士砖塔铭》（图32-1）。

所谓塔铭，是唐代才出现的一种石刻形式。原来，当时的佛教僧侣圆寂以后，并不像一般人那样入土为安，而是按照佛教教义进行火葬，再用砖石造一座灵塔，将骨灰安放在塔中。同时，另刻一块记载墓主生平事迹的石板，砌在塔的正面，称为塔铭。

《王居士砖塔铭》的墓主姓王名公，字孝宽，大约生活在唐代初年。根据铭文记载，这位王公"观老庄如糟粕，视孔墨犹灰尘"，对道教和儒家文化都不感兴趣，是一位在家修行的虔诚的佛教居士。所以，他虽然不曾出家为僧，但也采用了与僧人同样的墓葬方式。坐落在终南山楩梓谷的百塔寺，大概就是这位王居士生前经常修习佛法的地方吧，所以他的灵塔也就修在了百塔寺附近。千年过去，灵塔早已不知去向，原本应

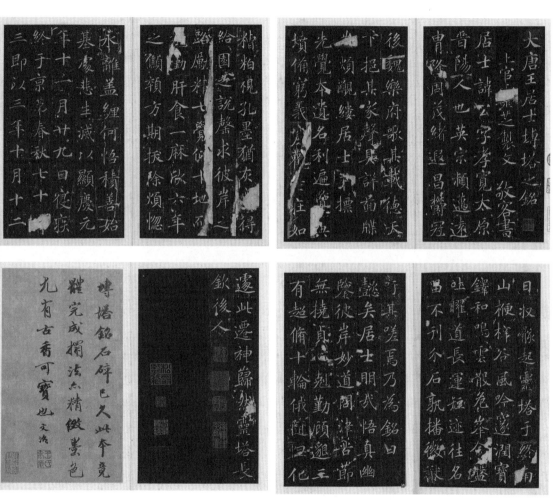

图32-1 初拓唐《王居士砖塔铭》册

该砌在塔身正面的塔铭也不知道什么时候被埋入了地下，直到明代末年的这次偶然发现，才得以重见天日。

刚才提到，《王居士砖塔铭》以一手精彩的褚遂良体楷书为世人称道，那么，它的书写者想必也是当时某位书法名家吧？

事实并非如此，令人意想不到的是，《王居士砖塔铭》精美的书法并非出自当时任何一位名家之手，它的书写者只留下一个署名，叫"敬客"。这位"敬客"在历史上籍籍无名，后来的学者做了许多考证和猜测，也没有得出一个大家公认的结论。人们甚至至今也不清楚，他到底是姓敬名客，还是别有姓氏，而名为敬客。

清代金石学家叶昌炽曾经感叹："书学至唐极盛，工书而湮没不称者，尚不知凡几。"就是说书法艺术发展到唐代，繁盛极了，字写得好的人比比皆是，而姓名没有传下来的书法家，真不知道还有多少！

看来，书写《王居士砖塔铭》的那位"敬客"，便属于叶昌炽所说的"工书而湮没不称者"吧。不过也正是《王居士砖塔铭》的出土，让后世领略了唐人书法的一种整体性高度。它向世人证明，唐代书法所达到的"极盛"局面，不单单表现为那些书史留名的大师杰作，更是整个时代的文化风气所造就的共同辉煌。

《王居士砖塔铭》的出名是由于书法，它的毁坏也是因为书法名气太大。

原本墓主人王公就不是什么达官显贵，造塔砌石的时候所用的石板，质量就很一般，再加上几百年岁月的侵蚀，到出土时，石质已经非常脆弱，禁不起敲打了，所以没多久就断成了三大块。

可偏偏人们喜爱《王居士砖塔铭》的书法，纷纷前来捶拓。由于捶拓次数过多，三大块又碎成了七小块，后来干脆不知所踪，估计已经碎裂得不成样子了。

为了满足人们的学习需要，也为了追求高额利润，清代以来有不少人对《王居士砖塔铭》进行了翻刻和伪造，使得拓本鱼龙混杂、真伪难辨，真正的好本子到后来变得十分罕见。这种情况下，越是早拓、精拓的本子，就越是珍贵难得。

此次辽宁省博物馆"又见大唐"特展上展出的《王居士砖塔铭》，就是一册罕见而珍贵的拓本（图32-2），它是在明代《砖塔铭》刚出土后断为三大块时初次拓印的，因此被称为"初拓三断本"。

您看，拓本中"上官灵芝"的"灵"字中间的横向断纹，还有"励精七觉，仰十地而翘勤"这行字中的竖向断纹，都是当初原石断裂成三块时留下的痕迹。除了这一横一竖两道断纹之外，拓本的其他地方很少有损伤，字迹如新，显得非常精神。

而且辽宁省博物馆这册《王居士砖塔铭》曾由清末大学者罗振玉收藏，拓工细致，纸墨精良，具有很高的历史文化和艺术鉴赏价值，堪称存世《砖塔铭》的最佳版本之一，也可以说是

图32-2 初拓唐《王居士砖塔铭》册

王居士博诺铭出土未久即供海內所傳皆複本也
世人時謂陝庫本為原刻处其陰刻宋東坡詩唐
誌固無陰刻披詩之理其為複本無疑乃今人得
陝庫本說臺尚存者已勢為難得原石傳世者之
難得可知此為洞庭葉君藏本精采四射與傳
世出於重摹者迥異人間孤拓平生未見第二本
爰精印以傳藝林己卯秋貞松老人羅振玉記於
扶桑町寓居之七經堪命長張繼祖書

图32-3　罗继祖题跋

一件弥足珍贵的文物。

罗振玉的后人，著名学者罗继祖先生在这册拓本后的题跋中说它"精彩四射，与传世出于重摹者迥异"，又说它是"人间孤拓，平生未见第二本"，对其精良和稀有都作出了极高的评价（图32-3）。我们通过这件拓本，无疑能很好地欣赏到《王居士砖塔铭》的独特魅力。

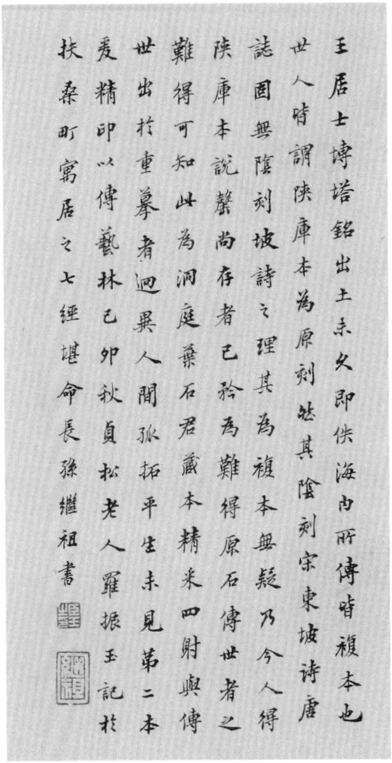

在《王居士砖塔铭》被发现的明代末年，这类唐代小型石刻出土的数量还很少。清代以后，随着出土碑石的不断增加，人们见到的唐代塔铭、墓志也越来越多，其中书法水平不逊于《王居士砖塔铭》的也不少，向世人展示了许多前所未见的唐代书法遗珠。

如果说，以"初唐四家"和"颜筋柳骨"为代表的书法大师们的丰碑巨制像日月一样终古长存、光耀千秋；那么，这些散落在田野和地下的唐代塔铭等石刻，就像满天繁星一样，发出璀璨的光芒，共同照亮了大唐文化的广阔天空！

33

唐人写经

盛世回响，又见大唐。

当我们漫步在辽宁省博物馆的展厅，与千年前的唐代书法家相遇，领略到大小欧阳、"初唐四家"的风采，也感受着"颠张醉素"、"颜筋柳骨"的神韵。那一件件名扬千古的碑帖墨迹，令我们陶醉。

展览中，还有一类特殊的唐人墨迹。它们书写在一张张发黄的长条的纸上，看上去没那么引人注目，也不是什么书法名家的手笔，但却具有非同寻常的艺术和文化价值，那就是唐人写经。

杜甫诗云"读书破万卷，下笔如有神"。可是您想过吗？为什么唐诗中但凡说到书，总要称"卷"，而不是"本"或者"册"呢？

这是因为在唐代，雕版印刷技术还没有普及，几乎所有书籍都是手抄在长条形的纸上，以卷子的形式保存和阅读的。今天流传下来的这类手抄卷子，内容大多为儒、释、道三教的经典，被后人称为"写经"。

图33-1　敦煌莫高窟　王道士塔

现在，让我们把时间的指针回拨，回拨到1900年5月26日，敦煌莫高窟。当时，在那里主持事务的是一位叫王圆箓的道士。这天清晨，王道士像往常一样，早早起身清理洞窟中堆积的流沙，忽然，他听闻"天炮响震"，感觉到墙壁微微颤动，紧接着墙上裂开了一道缝！他凑上去细瞧，发现墙内似乎还藏着一个洞穴。王道士大吃一惊，赶忙用锄头挖开，嗬！墙壁那头居然满满当当，堆的全是古物！

这个不经意间发现的洞穴，就是后来轰动世界的敦煌莫高窟藏经洞。洞中保存了公元4世纪至11世纪的佛教经卷、社会文书、刺绣、绢画、法器等文物5万多件，其中手抄经卷足足有两万件之多。

但在当时，王道士并不知道这些玩意儿有什么实际的用场，当地官员也没有加以妥善保护，致使卷子中一半以上的精品流失到英国、法国、俄国和日本，最后留在国内的只剩8000多件。

这次辽宁省博物馆"又见大唐"特展中展出的唐人写经，绝大部分便是敦煌藏经洞的遗存。

那么这些古代卷子，都是什么人写的呢？

他们大多是一些没有取得功名，靠写书卖钱生活的读书人，被称作"经生"。比如这次展出的一件《龙朔二年写经卷》上，就落有"经生沈弘写"的款识（图33-2）。

经生可以说是古代的职业书法家，他们要使自己抄写的经卷受到欢迎，就必须讲求书法的美观。这种经生书法代代相传，自成体系，在隋唐时期达到了高峰。

咱们重点来看展览中的唐人书《古文尚书传》《大菩萨藏经卷》和《无上秘要》这三件作品。它们都是唐人写经中最常见的小楷书，共同的特

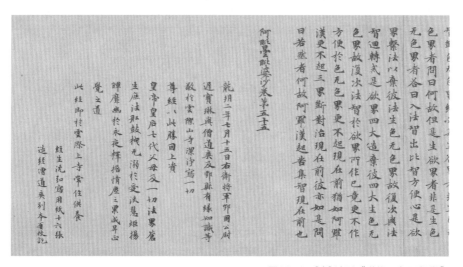

图33-2 [唐]沈弘《龙朔二年写经卷》

点是书写迅疾流畅，笔画舒展有力，字形平稳匀称，章法紧密规整，仔细欣赏，每件作品都有各自独特的风姿。

《古文尚书传》是一卷儒家经典（图33-3）。儒家五经之一的《尚书》，古来流传有两种本子，分别是《今文尚书》和《古文尚书》。后来《今文尚书》失传了，唐代以后流行的便都是《古文尚书》。您看卷子上的大字部分，就是《古文尚书》的经文，大字下所附的双行小字是对经文的注解，

236

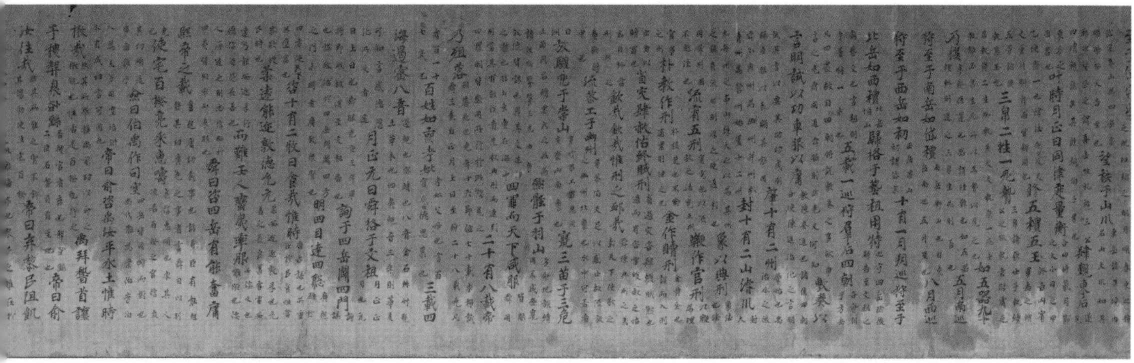

图33-3 唐写本《古文尚书传》

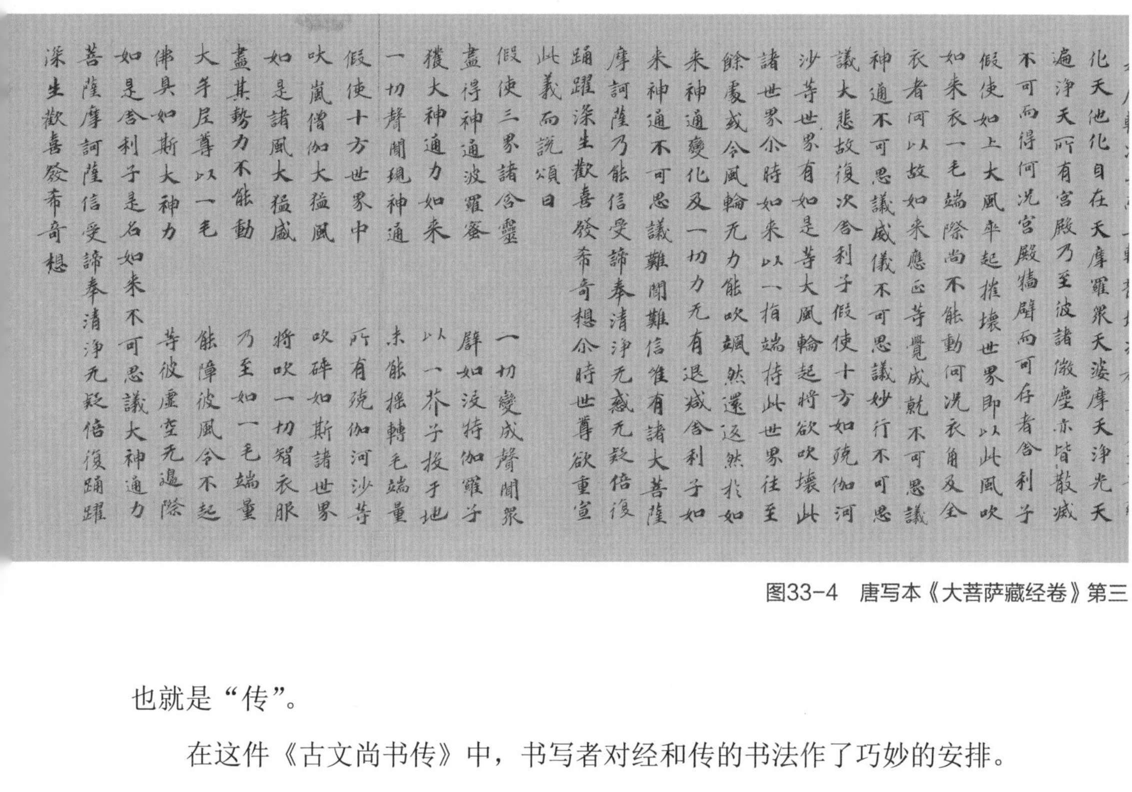

图33-4 唐写本《大菩萨藏经卷》第三

也就是"传"。

在这件《古文尚书传》中，书写者对经和传的书法作了巧妙的安排。经文部分，字体结构紧密，笔画厚实有力，字距比较接近；而传的部分，字体结构疏朗，点画虚实相生，字与字之间留有较多的空白，显得宽绰空灵。清代书法家邓石如说，好的书法应该"疏处可以走马，密处不使透风"。这件写经对字体疏密的把握，可以说显示了高超的水平。

另一件唐人写经《大菩萨藏经卷》（图33-4）是大唐贞观年间所抄

的一卷佛经，上面的字体是比较典型的写经体，在唐人写经中最为常见。值得注意的是，这件书写于初唐时期的楷书经卷，书体风格却与后来盛中唐时期的大书法家颜真卿接近。看来，颜真卿之所以能在王羲之的书风之外独辟蹊径，自成一家，一定也从写经书法中得到过不少借鉴和启发。

接下来，再看唐开元六年（718），敦煌县神泉观的道士出钱请经生书写的道书《无上秘要卷》（图33-5）。

懂书法的朋友会看到，它的字体风格与历史上大名鼎鼎的唐人小楷《灵飞经》（图33-6）极为相似。明代大书法家董其昌曾经对《灵飞经》的书法赞叹有加，认为是唐代名家钟绍京的手笔。实际上我们拿《灵飞经》与这件《无上秘要卷》一比较，就知道董其昌说的肯定不对。《灵飞经》书法明明是典型的唐人写经体，董其昌没见过这么多唐人写经，所以才会搞错。

刚才介绍的三件写经，内容分别是儒、释、道三教的经典，书法风格在敦煌写经卷子中都具有一定的代表性。而辽宁省博物馆收藏的《恪法师第一抄》（图33-7）则是唐人写经中少见的特别之作，光看它的名字就叫人摸不着头脑。

什么叫"恪法师第一抄"呢？原来这是一位被尊称为"恪法师"的和尚，对唐代高僧窥基大师的《妙法莲华经玄赞》第一卷所作的注解，所以叫"第一抄"。

窥基大师是唐代唯识宗的创始人之一，他的师父就是历史上著名的玄奘法师——也就是我们熟知的西天取经的那位唐三藏。玄奘法师圆寂后，窥基大师专心著述，继承和弘扬了师父开创的佛教唯识宗教义。像这样一位开宗立派的佛学大师，他写的《妙法莲华经玄赞》自然也高深

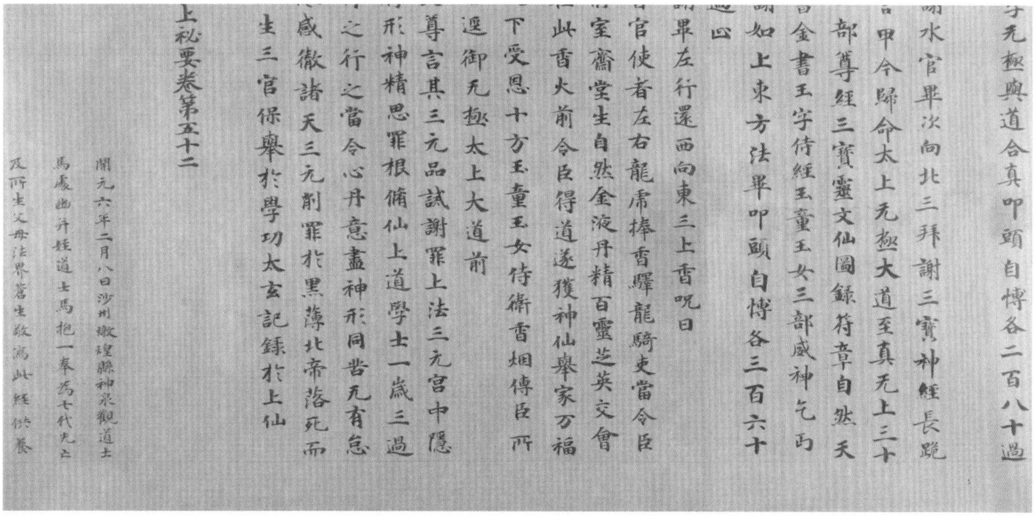

图33-5 唐写本《无上秘要卷》第五十二

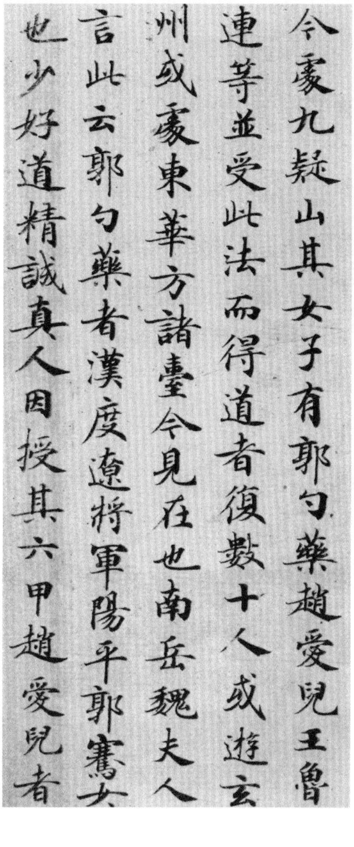

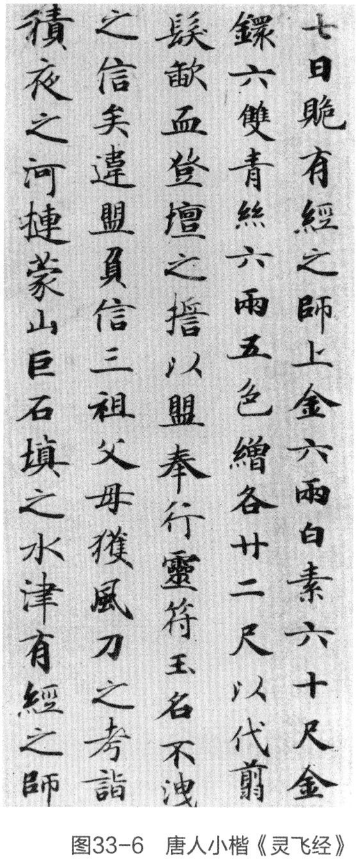

图33-6 唐人小楷《灵飞经》

玄奥，因此就有了注释和讲解的必要。

《恪法师第一抄》属于唐人写经中罕见的草书作品。这种草书与王羲之或者张旭、怀素的书风有所不同，它字字独立，不相连属，点画圆厚，古朴可爱，比较接近汉代的章草。

从卷子书写速度较快、时有修改的情况来看，《恪法师第一抄》似乎是恪法师的弟子对老师讲解《妙法莲华经玄赞》的笔记，也就是说，它可能出自一位僧人之手。

当然了，唐人写经的价值远不限于书法方面。

比如这件《春秋后语残卷》（图33-8），原本是晋代学者孔衍撰写的一部历史著作，后来失传了，宋代以后就没人看到过。现在从这件敦煌写经残卷中，人们就得以大饱眼福，重新看到久已失传的古书的真容。

还有刚刚提到过的《无上秘要卷》，它实际上是目前所知我国最早的一部道教百科全书，历史文献价值非常高。利用这件唐代的《无上秘要卷》写本，就可以对后世流传的书籍版本进行校勘，修正文字内容上的错误，还原古书的本来面貌。

了解到唐人写经背后的历史文化，再来看这些发黄的古代卷子，一定会有不一样的感受吧。

在这些历经千年沧桑的书卷墨迹中，我们能看到纯熟精妙的经生笔法，也能看到久已失传的古代遗书，能看到高深的宗教论著，也能看到正统的儒学典籍。在晚清积贫积弱的年代，它们一度散落他乡、流失海外，而今天，这些珍贵的传统文化遗存，正在得到人们越来越多的守护和珍惜。

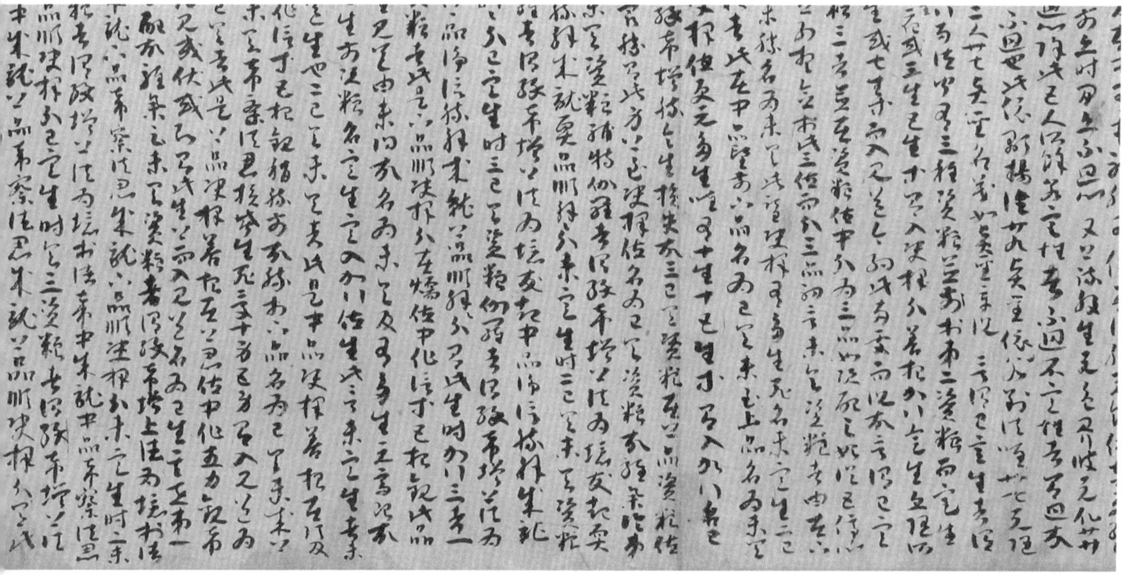

图33-7　唐写本《恪法师第一抄》

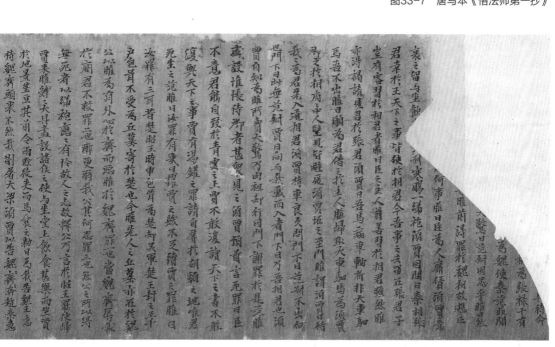

图33-8　唐写本《春秋后语残卷》

34

青春·唐诗

盛世回响，又见大唐。

提到唐朝，人们最熟悉的莫过于唐诗了。

无论您是青年、中年还是老年，总有那么几首唐诗，从儿时起就印入脑海，一生都无法忘怀。也无论您身在欧洲、美洲还是非洲，只要听到一句唐诗，思绪和情感便会立刻飞回到生长于斯的这片故土。

唐诗是古老的，它是一千多年前拥有绝对影响力的文学样式。

唐诗又是年轻的，它早已融入了中华民族的基因和血脉，在一代代国人的口头与心头吟咏、传承，至今仍然焕发着青春的活力。

同今天的人一样，唐宋以来的历代书法家们，铺纸蘸墨，行将落笔

的时候，脑海里最熟悉、最想用书法去发挥和表达的内容，恐怕就要数唐诗了。他们用高超的笔墨艺术，演绎精彩的大唐诗篇，为世人留下了许多诗书合璧的佳作。下面，我们就通过辽宁省博物馆"又见大唐"特展上的几件展品，来领略一下书写唐诗的风采。

先来欣赏这件《南宋赵构书唐白居易诗卷》（图34-1）。

提起宋高宗赵构，很多人对他的印象都不好。在北宋徽、钦二帝被金人掳走，"靖康耻，犹未雪"的局面下，宋高宗肩负中兴的使命，却重用秦桧，偏信谗言，杀害了名将岳飞，与侵国土、虏父兄的金国签订了称臣纳贡的屈辱条约。就这一点来说，宋高宗赵构与他的父亲宋徽宗一样，不是一个称职的帝王。可在艺术上，特别是书法艺术方面，他却也同父亲一样，有着极高的天赋和功力。

这幅宋高宗书写的白居易诗歌长卷，内容选的是白居易的一首《自咏》诗。白居易为中唐时期杰出的现实主义诗人，他的《长恨歌》《琵琶行》《卖炭翁》等名篇，至今还是家喻户晓的经典。不过除了揭露现实、咏叹历史之外，白居易也写过不少表现人生逍遥闲适的诗篇，这首《自咏》便是如此，抒发了诗人随遇而安、乐天知命的生活态度。

宋高宗书写这首诗，一行只写两个字，字大如拳，点画干净利落，短长肥瘦恰到好处，整体上显得非常漂亮，简直挑不出一点瑕疵。

从书法风格上看，这幅字应该是宋高宗早年学习北宋大书法家米芾

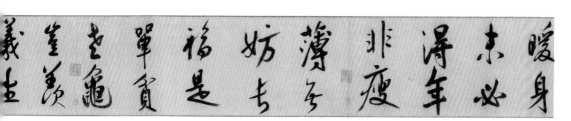

图34-1　《南宋赵构书唐白居易诗卷》（局部）

243

的结果，点画结构明显带有米字的影子。不过他把米芾书法原本的激荡和跳跃都融化掉了，仿佛将汹涌奔腾的江河化作了安静流淌的小溪。那种不疾不徐、温润含蓄的笔致，与白居易诗歌闲适逍遥的情调相得益彰，融为一体，十分耐人寻味。

唐代诗人中，对后世影响最大的恐怕要属诗圣杜甫了。历代书法家的传世之作中，书写杜诗的也非常之多。

我们先来看南宋著名书法家张即之的长卷杜诗二首（图34-2）。

张即之生活在南宋末年，在当时气息奄奄的书坛上，是一位力挽狂澜、不肯随波逐流的人物。他的书法不囿于北宋四大书家的范围，在宋人普遍标新立异的趋向中，仍然坚守着唐人的规矩与法度。因此他的字有一种独特的风格境界，在南宋书坛自成一家。

据史书记载，张即之生前便以书法闻名天下，就连与南宋处于军事敌对状态的金国，对他的书法，也不惜花费重金购求。

而且张即之特别擅长写榜书大字，字形展得越大，笔墨就放得越开、越有神采。辽宁省博物馆收藏的这幅杜诗长卷，便是张即之大字书法的代表作之一。

这幅长卷的章法安排与前面介绍过的宋高宗书白居易诗卷极为相似，都是一行两字，顺序展开，风格却截然不同。

我们从张即之这幅长卷的局部（图34-2）可以看出，字体近于楷书，笔画间的牵丝连带不多，但在落笔的时候，仿佛有一股压抑不住的豪气，时刻要在字里行间喷涌出来。常常是饱蘸浓墨，刚才重重地写下一笔，忽然又迅疾有力地扫射出去，留下一道道枯笔飞白。一个字当中，有沉厚，也有轻灵；有浓重，也有枯淡，气韵十分生动。

图34-2 《南宋张即之书杜甫诗卷》（局部）

总体上看，这幅作品给人以刚健豪迈、大气磅礴的感觉，特别是很多笔画都写得斩钉截铁、挥洒自如，呼呼如有风生，看了觉得非常痛快、非常过瘾。比如"昼漏希闻高阁报"这句诗里的"漏"字的长撇，"稀"字、"闻"字的长竖，虽然笔画末端都已经是枯笔了，但依然劲挺有力，一点没有怯弱之感。而"香飘合殿春风转"中的"飘"字和"风"字的"戈"画，神完气足，万毫齐力，就像一匹飞马于奔腾中随风扬起的马尾，充满了力度和动感。

张即之出身名门显宦家庭，他的父亲张孝伯做过参知政事，相当于副宰相，张即之的一生便也跟着在宦海沉浮中度过。所以他选的这两首杜甫的七律——《紫宸殿退朝口号》和《赠献纳使起居田舍人》，都是能够引起自己人生共鸣的有关宫廷朝会和官宦生涯的诗作。而对于明代"江南四大才子"之一的唐寅和祝允明而言，他们更喜欢书写的则是杜甫那些才华横溢、古今传诵的名篇。

前面已经介绍过唐寅手书的杜甫《饮中八仙歌》诗卷。接下来咱们再看一件祝枝山的草书作品——《秋兴八首》。

《秋兴八首》是杜甫晚年在夔州创作的一组七律组诗，总共8首，诗情深挚浓郁，诗意前后关联，浑然一体，是古今七律中的杰作，也是后世书画创作中的热门题材。

祝允明，字希哲，因为右手多生了一根指头，自号"枝山"，世人都称他"祝枝山"。祝枝山自幼聪慧，5岁时能写一尺见方的大字，9岁便能作诗，博览群书、才华过人，与唐寅、文征明、徐祯卿并称为"江南四大才子"，也叫"吴中四才子"。

祝枝山在书法方面用工尤勤，取法广博，对魏晋唐宋以来的书法名家，几乎都下过很深的临摹功夫，特别在草书方面，能写一手狂放烂漫

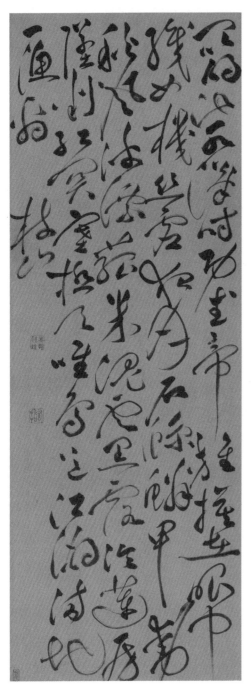

图34-3 《明祝允明书杜甫七律轴》

的狂草，最为世人称道。他似乎尤其喜欢书写杜甫的《秋兴八首》，今天存世的这样的作品就有好几件。

辽宁省博物馆馆藏的这件《明祝允明书杜甫七律轴》（图34-3），写的是《秋兴八首》中的第七首。这幅草书点画连绵飞动，狂气十足。字与字之间的行、列索性都被打乱了，任由遒劲的笔墨线条自由穿插、纵横挥斥、飘洒飞舞。

祝枝山崇尚魏晋风流和禅宗顿悟，生活中常常天真烂漫、放浪形骸，是四才子中最有"才子范儿"的一个。通过他的这幅书法，我们仿佛看到500年前那位狂放不羁的才子，吟诵着唐诗，挥洒着笔墨，在诗歌与书法中寻觅着生命的自由。

回首大唐时代，既是诗歌的顶峰，也是书法的盛世。唐人书法，奠定了后世书法艺术的灿烂辉煌。唐代诗歌，更为后来的书法家们提供了取之不尽的表现题材。从这些诗书俱美的名篇佳作中，我们可以感受到书法的不朽魅力，也可以见证唐诗的永恒青春！

35

丝路上的奇珍

盛世回响，又见大唐。

这次"又见大唐"特展上，有10件从旅顺博物馆（图35-1）借过来的展品。

旅顺博物馆位于辽宁省大连市旅顺口区，而这10件展品无一例外出自新疆，反映了丝绸之路上悠远、迷人的文明。这是怎么回事儿呢？这批文物怎么就从新疆跑到旅顺去了呢？

话还要从100多年前说起。

当时有位日本青年叫大谷光瑞，是日本佛教净土真宗的一位领袖，后来娶了大正天皇的小姨子，成了皇亲国戚。

他23岁到英国伦敦留学。当时有关古丝绸之路的情报在英国皇家地理学会很热，欧洲探险队从沿线带回的大批文物也很让他眼红。

于是自1902年开始，到1914年，大谷光瑞以"探寻佛迹"为名，

图35-1 旅顺博物馆

先后组织了三批探险队，深入中亚、南亚进行考察和考古发掘。

所得悉数运回日本之后，他准备慢慢进行整理和展示。谁知人算不如天算，手下僧团意外暴露出财务丑闻，大谷光瑞被迫辞职。更令他灰心的是，这批费尽辛苦得来的宝贝，也并没有得到日本佛教界、学术界的重视。

1915年，失落的大谷光瑞索性把大部分文物又带回了中国，并在1929年，作价卖给了旅顺博物馆的前身——当时的"关东厅博物馆"。其中包括大量汉文与非汉文的写经残片、文书残片、佛教绘画；出土于新疆古墓的陶俑、木俑、丝织品、干尸、墓表、木器以及古代货币；另有106件古印度石刻。

所以，您别小看旅顺博物馆，别看它是以旅顺口区一个区的名字命名的博物馆，2008年，它可是被评为了首批"国家一级博物馆"。

图35-2　唐木雕葡萄纹门楣

如今，我们走进"又见大唐"展厅，迎面第一件展品就是旅博的唐木雕葡萄纹门楣（图35-2）。门楣是建筑正门上方横着的那道横梁，一般用很粗重的实木来做。

这件门楣出土于楼兰古城西北部的一处佛寺遗址。最引人注目的是它雕饰有波浪一般上下起伏的葡萄藤，藤上还结着大串的葡萄。

这一看就不是汉地风格，因为葡萄是一种外来水果，张骞出使西域以后，才沿着丝绸之路引进。到唐代，至少在唐初，还是十分罕见的。

唐高祖李渊手下有个叫陈叔达的功臣，被封为江国公。有一回，李渊招待功臣们吃水果，陈叔达手捧着一串葡萄，总也不吃。李渊问他为什么，他回奏说："臣的老母亲患有口干，平时想吃点儿葡萄，根本没有，所以我想把这串带回去孝敬她老人家。"李渊听了很感动，就命人多给他准备点儿。当朝显贵都搞不来葡萄吃，可想而知它的金贵。

不过后来，随着唐朝势力向西域的扩展，葡萄在汉地也就越来越多了。唐中宗、唐玄宗时期，陕西关中和山西太原已经发展为两个大的葡萄产区。

这4件泥塑彩绘仕女俑（图35-3、图35-4），出自新疆同一个地方：吐鲁番阿斯塔纳－哈拉和卓古墓群，那里埋葬着众多西晋初年至唐代中期的贵族、官员和百姓。由于气候干燥，500多号墓穴里，几乎所有尸体都没有腐烂，成了自然脱水的干尸，有些连眼睫毛和眼缝中间的眼珠

图35-3　唐泥塑彩绘仕女俑头

图35-4　唐泥塑彩绘仕女骑马俑

251

图35-5　唐写本《孔目司帖》

都还历历可见。随葬品也都保存完好，甚至还发现了几个唐代饺子，一千好几百年了，皮和馅跟今天的饺子毫无两样，仿佛随时都能下锅。

这几件仕女俑为今人提供了生动的唐代女性信息。比如，她们高高堆起的奇怪的发型，在初盛唐贵族女性中很流行，有一个霸气的名字：单刀半翻髻，看上去就像一把竖着的大刀。据考证，这是用假发盘出来的效果。

您再看，她们额头处的装饰叫花钿；眼角两侧月牙一样的彩绘叫斜红；酒窝上点的两个黑点叫妆靥。怎么样？是不是比今天复杂很多呢？不过像这尊骑马女俑，上身绿色短袖衫，下身绛红色小碎花长裤，再配以轻便的黑色尖头鞋，如今要是哪个女孩这么穿，也能挺时尚。

这件国家一级文物《孔目司帖》（图35-5），是反映唐代西州地区经济生活的一份重要文献。

《孔目司帖》包括两张纸：一张是"孔目司"也就是地方税务局开出的征税通知，另一张是完税证明。100多年前，被大谷探险队带去了日本，装裱成这种书画立轴的形式。

前一张的大意是：安西都护府孔目司通知，莲花渠村纺织匠，名叫"白俱满尖鸡"的，特向你征收建中五年春装布一百尺。四位税务员：段俊俊、赵秦璧、薛崇俊、高崇汕负责跟你对接。如果按时交上，依照规定，可以免除你疏浚水渠、协助耕作以及一应临时性劳役。落款：七月十九日，孔目官任某。

这次征税非常顺利，第二天就开出了完税证明，说的是：配织建中五年一百尺春装布的事，莲花渠村纺织匠"白俱满地黎"——大概是白俱满尖鸡的兄弟——已经交上了，特此证明。税务员段俊俊、薛崇俊、高崇汕、赵璧等。落款：七月二十日，赵璧抄。

类似这样的文书，在唐朝，恐怕每天不知要开出多少，可惜保存至今的，只剩这一件了。1903年，大谷探险队在新疆克孜尔石窟挖掘一处洞穴时，发现用两张纸包裹的矿石。矿石本身没什么，可一瞅，包裹它们的纸上有字，就这么留下来了。

从《孔目司帖》中可以看出：第一，当时征税能以实物抵劳役。第二，税是提前征的。里面提到征的是建中五年的税，建中为唐德宗年号，只有四年，没有五年；而且7月正值夏天，却征春装布，只能说明这是建中四年开出的，针对明年的征税通知，没想到，明年皇帝改元了。第三，上面盖有三枚大印，印文看不清了，但是刚好压住文字部分，相当于今天的防伪水印。

总之，《孔目司帖》里藏着的奥秘不少，学术界也在持续进行着研究。

36

金桃·马球·遣唐使：天下一家的理想

盛世回响，又见大唐。

长安城里胡人多。

所谓"胡人"，是指沿着丝绸之路，不远万里而来的波斯人、大食人、粟特人、吐蕃人等等。

这些人能到长安来，要么是经商，要么是办外交。这就给唐朝人留下个印象——胡人，非富即贵。

比如李商隐曾经写过一篇《不相称》，列举了当时自相矛盾、故意搞笑的一些俗语：像"先生不识字"，教人读书的老师不认识字；"瘦人相扑"，大胖子参加的相扑比赛，偏有瘦子报名，类似这些。其中就有一句"穷波斯"，胡人里面的波斯人大都在长安经营珠宝生意，怎么能穷呢？

不但不穷，这帮人眼光还特别好，识货，别人搞不明白的事儿，他们猴儿精。

有一个故事，讲李林甫当宰相的时候，每年过生日，都要请平康坊菩提寺的和尚过去念经。

有一回，他一高兴，就手赏了和尚一件马鞍子；和尚转手一卖，居然卖了7万钱。这下庙里轰动了，都争着下回要去给相爷念经。

转过年，李林甫又过生日，庙里这回派出个最有经验的，不但经念得好，情商还高。李府大堂之上，这位高僧使出浑身解数，先是诵念三世诸佛，紧接着话锋一转，编出一套嗑儿来，专夸李林甫，夸他怎么怎么好，怎么怎么有才，怎么怎么把朝野上下治理得井井有条，其实全胡扯。

完事以后，和尚美滋滋地坐堂底下等赏，寻思着自己今儿发挥得无懈可击，这赏肯定轻不了。好半天，里边儿送出一只匣子。和尚欢天喜地捧回庙里，打开一看，还有个布包，行，挺隆重，可等打开布包再一看，大失所望了，怎么回事？原来包里没别的东西，就一根儿看上去烂糟的破钉子。

嘿，啥意思呀？和尚满脑门子问号。

就这样郁闷了好几天，他还是把这根破钉子揣进怀里，奔了西市，想着总是宰相家出来的东西，兴许能换个仨瓜俩枣的。

随便找了一家波斯胡商，他把东西掏出来给人看。那胡商瞅了瞅，说你开个价吧。和尚一看这买卖似乎还能做，就大着胆子说："你给一千钱吧？"胡商听了哈哈大笑："要低了。""嗯？那就……一万？"和尚试探着问。没想到胡商还是看着他："再往上加。"和尚咽了口唾沫，咬咬后槽牙："这可是你说的，那就……五十万？""好，成交！"说完，麻利儿把钱付了。

这下可把和尚整蒙了，"这究竟什么玩意儿啊？一破钉子，值这老些钱？""破钉子？哼哼。"胡商冷笑了两声，"实话告诉你，这叫宝骨！"

什么宝骨？佛祖的一节舍利，一千万都打不住！

这个故事记录在晚唐的一部笔记小说集《酉阳杂俎》里，我引的时候稍微做了点儿加工。类似的故事还有很多，总之啊，说明胡人在大唐社会非常活跃，本身也成为唐人生活的一部分。

如今任何一部研究大唐历史、大唐文化的书，总有一章是留给那个时代的"开放性"或者叫"国际化"的。

有一个数据，说唐朝初年，外来移民在总人口中的比例占到7％，唐朝后期，发展到10％到19％。也就是说，假如咱们穿越回唐朝，走在长安、洛阳，或者扬州、广州这样的大城市里，迎面碰到的10个人中，至少有一两个外国人。他们摆弄着各种时兴物件儿，成为中西文化交流的使者。

这方面的研究著作，您要是感兴趣的话，可以去看一部厚厚的大书，20世纪60年代在美国出版的，翻成中文以后，取过两个名字，一个叫《唐代的外来文明》；一个叫《撒马尔罕的金桃》。作者也有两个名字，一个是他的本名：爱德华·谢弗；另一个是他为自己取的中文名：薛爱华。这"爱华"二字，体现出他对所研究的对象，有一种浓浓的情感。

薛爱华是美国加州伯克利大学教授，因为研究唐代中外交流的这部《撒马尔罕的金桃》写得好，奠定了他国际汉学界"唐代研究第一人"的位置，长期担任美国东方学会主席。

什么是"撒马尔罕的金桃"呢？可能刚才我一提，有人就想问。

"撒马尔罕"您应该听说过，丝绸之路上的一座古城，位于今天的乌兹别克斯坦。历史上，它是连通中国、印度、波斯这三大帝国的交通枢纽，遗迹非常丰富，整体被联合国教科文组织评定为世界文化遗产。

今天咱们吃新疆那边的水果，像吐鲁番葡萄、哈密瓜等等，会觉得很甜。撒马尔罕也一样，那里气候干燥，生长的水果糖分高。其中有一种"金桃"——金黄色的桃子——最出名。据说因为它太好吃了，招虫，所以产量少，当地人还得专门请巫师做法念咒，才能维持一点收成。

唐朝人早就知道有这种金桃，在文章里形容它"大如鹅卵，其色如金"，但是光听说，没见过，更没吃过。为什么呢？因为唐朝初年，中国好不容易在此前的南北朝大分裂和隋末战争的大动荡中重新统一起来，元气还没完全恢复，丝绸之路也已经中断很长时间了。

一直要等到唐太宗贞观九年（635），在西域苦战的唐朝军队彻底击退吐谷浑，才又重新打通丝路商道。也正是在这一年冬天，一支撒马尔罕的使团顺利抵达长安，破天荒地，把一种神秘的水果带进了这座宏伟的都城，献给他们心中的"天可汗"——唐太宗李世民，这便是撒马尔罕的金桃。

当薛爱华教授在浩如烟海的史料中读到这样一种奇妙记载的时候，他的心一下子被触动了，毫不犹豫地把它作为唐代中国与世界互通有无的象征，并且认为这个象征简直妙不可言。

想想看，"金桃"，西方神话里有"金苹果"，那是欲望的象征；而东方神话里，有王母娘娘的"仙桃"，吃了能长生不老。当这两种罩着光环的名字沿丝绸之路汇聚而为"金桃"的时候，文明的交融、社会的开放也就自然而然发生了。

正是这样的交融与开放，为大唐王朝带来了巨变，全方位地推动了历史的进步与当时人社会观念的转型。

大家知道在传统中国有由来已久的"华夷之辨"，所谓"非我族类，其心必异"，这个保守的观念，正是在初唐，被击了个粉碎。

当时朝廷收服了高昌——西北戈壁上一块距离长安超过 5000 里、生活方式完全不同的地方。究竟该如何治理，就成了一个问题。

朝廷重臣褚遂良拿出一个意见，他从传统观念出发，认为"明王创制，必先事华夏，而后夷狄"。意思是说，圣明的君主，先要处理好传统农耕区的事务，然后才轮得到去关注游牧民族。这两者摆在一起，我们工作的重点是前一个，而不该为后一个浪费精力。

唐太宗李世民当场否决了这个意见。他认为，不论何种生活方式的人民，只要纳入同一个国家的版图，就应该给予一视同仁的尊重。这就是他那句著名的论断："自古皆贵中华，贱夷狄，朕独爱之如一。"也因此，大唐政坛上，才会英雄不问出处，群星闪耀；社会生活中，才会胡风胡舞胡俗，万紫千红。

鲁迅先生做过一个形象的比喻，他说唐人魄力雄大，凡是取用外来事物的时候，就好像把对方俘虏过来一样，"自由驱使，绝不介怀"。

而且唐人还有一个本事，在对外来事物得心应手之后，能够推陈出新，甚至后来居上。

我再给您讲个故事，真事儿，发生在唐中宗李显时期。

那一年，像前面提到过的《步辇图》那样，吐蕃使者再一次来到长安，向唐朝提出通婚之请，双方都有这个意愿，谈得不错。过后，吐蕃使者提出，大家平时都很爱打马球，现在公务忙完不如调剂调剂，来一场马球公开赛，如何？

马球是当时很流行的一项贵族运动，具体打法可以参考辽宁省博物馆"又见大唐"特展上展出的这幅《明皇击球图卷》（图 36-1）。

正如画上所反映的，唐人打马球，先要准备一个球场，跟今天的足球场差不多。史籍记载，地面要平整、结实，为了达到这一点，当时的人甚至先把油渗进土里，再进行夯筑。

其次，我们看画面两端，各立着一个球门，用架子搭起来，像缩小版的牌坊。"牌坊"底部横着一块板，上面开个洞，实际还绷着一张网兜，那就是球洞。

打球的、守门的，所有人都骑在马上，拿着一头儿弯弯的球棒，唐诗里把它形容为"月牙"。双方比的就是，看哪队先把球打入对方的门洞里，打进去一次，就算赢一局。

说起来简单做起来难因为球很小，是用很轻的木头把中心掏空做的。人得在奔驰的骏马上俯下身子去击打它，搞不好就容易撞在一起，从马上摔下来。唐人为这项运动经常有摔骨折的，还有被球杆抽中眼睛失明的记载。

如此剧烈、有危险性又与马相关的运动，一看就知道不是汉地风格。没错！马球，一种说法是起源于波斯，一种说法是起源于吐蕃，总之，是顺着丝绸之路传进来的。

说回到刚才的故事，吐蕃使者当面向皇帝提出，想跟大唐来一场马球公开赛。皇帝听了，欣然应允，派出10位国家队的队员上场。可没承想，这帮队员中看不中用，几个回合下来，被人家吐蕃队打了个3:0，还有好几位直接从马上摔下来，被抬出去了。这下，皇帝觉得很没面子，本来友谊第一，比赛第二，差不多见好就收的事儿，整这么跌份儿，反而不好收场了。可不好收场又能怎么办？哎！皇上的汗可就下来了。

正这么个工夫，一阵马蹄声响，四个人策马扬鞭冲进赛场。领队的，二十四五岁年纪，英气勃勃。皇上一看，这不是临淄王李隆基吗？只见

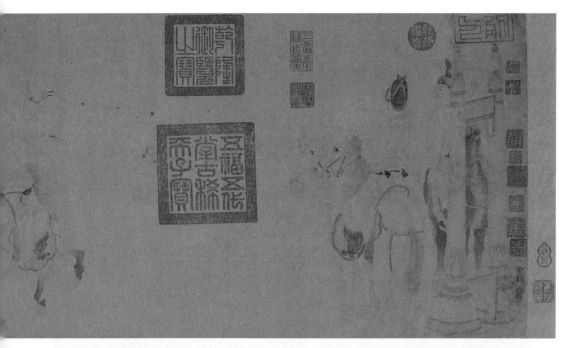

图36-1 [宋] 李公麟《明皇击球图卷》

图36-2 唐李邕墓壁画《胡人打马球图》

他在马上施礼，主动请缨，谁也不用，就我们哥儿四个迎战吐蕃。

唐人笔记《封氏见闻录》里，生动记述了这场比赛的全过程，在日后的玄宗皇帝带领下，四人球队"东西驱突，风回电激，所向无前"，彻底扳回了局面，把吐蕃十人队打得落花流水。

这四个人里，有个叫李邕的，不是那位大书法家李北海啊，是跟他同名的一位李唐宗室。2004 年，考古工作者在陕西省富平县发现了李邕的墓，出土了一幅壁画《胡人打马球图》（图 36-2）。这幅画残了，只剩下画心处的两个人、两匹马，但是上面打马球的场面实在太精彩了。

262

您看左边这人，是个大胡子，身穿鲜艳的红袍，骑在一匹彪悍的烈马上。一只手扯动缰绳，扯得马四蹄翻腾；另一只手呢，紧握着球杆，好像正在带球。他的对手是一位精壮汉子，扭头侧身，光着一半膀子，露出结实的肌肉。手中球杆高高举起，眼睛盯紧了小球，似乎正要奋力一抽，把它从大胡子杆下夺走。

这幅画用简洁的线条勾勒出紧张激烈的场景，彰显出腾跃飞扬的气势。我们看了它，再去回味墓主人李邕当年追随李隆基进行的那场马球比赛，就能够身临其境了。

接下来，我再简单提一个文化输出的例子。

"遣唐使"这个称呼，您一定不陌生，是当年日本派往大唐参访、学习的使团。

其实有唐一代，迎来送往的各国使团太多了。有记录的，比如新罗，朝鲜半岛上的一个国家，就曾经89次派遣使团到长安；阿拉伯帝国，也派过41次。相较而言，日本不算最多的，200多年间，派出过19次使团，总共3000多人。但是由于唐朝历任皇帝都很重视跟日本的关系，往往亲自过问，所以史书上关于日本使团的记载最多，以至于今天人们一提起"遣唐使"，就会想到日本。

海路凶险，不少遣唐使都付出了生命的代价，但是活着回去的，深刻影响和改变了那个东瀛岛国。今天我们在日本正仓院里还能看到保存完好的"唐物"，考察日本京都、奈良，也会发现它们简直就是长安城形制的缩影。

总之，文化交流是个大话题，相关的故事几天几夜也说不完。

最后，我想跟您分享一下解读过这一系列国宝之后，我的感受。

唐，作为历史上的一个朝代，它落幕了；但是作为一种雄强阔大的胸襟气魄和风流劲健的文化精神，它永恒着。

又见大唐，我们见到了张萱与周昉笔下从容娴雅的风度；见到了《万

图36-3　西安兴庆宫　遣唐使阿贝仲麻吕纪念碑

图36-4　西安青龙寺　遣唐使空海纪念碑

岁通天帖》上世代相守的传承；见到了狂草、乐舞和诗歌，于形神气韵间毫无阻碍的贯通与激荡，见到了一个自信王朝"海内存知己，天涯若比邻"的动人画卷。

　　且让我用洛夫先生的诗句作结吧："去黄河左岸洗笔，右岸磨剑，让笔锋与剑气，去刻一部辉煌的盛唐！"

参考文献

辽宁省博物馆编：《又见大唐》，辽宁美术出版社 2019 年版。

王春法主编：《大唐风华》，北京时代华文书局 2019 年版。

清华大学艺术博物馆编：《与天久长：周秦汉唐文化与艺术》，上海书画出版社 2019 年版。

陕西省博物馆编：《隋唐文化》，学林出版社 1997 年版。

［后晋］刘昫等撰：《旧唐书》，中华书局 1975 年版。

［北宋］欧阳修等撰：《新唐书》，中华书局 1975 年版。

［北宋］司马光编撰：《资治通鉴》，中华书局 2013 年版。

［明］严衍：《资治通鉴补》，中华书局 2013 年版。

［清］董诰等编：《全唐文》，中华书局 1983 年版。

［清］彭定求等编：《全唐诗》，中华书局 2003 年版。

牛继清：《唐会要校证》，三秦出版社 2012 年版。

王仲镛：《唐诗纪事校笺》，巴蜀书社 1989 年版。

孙映逵：《唐才子传校注》，中国社会科学出版社 1991 年版。

钱穆：《国史大纲》，九州出版社 2011 年版。

钱穆：《中国历代政治得失》，九州出版社 2011 年版。

王仲荦：《隋唐五代史》，上海人民出版社 2016 年版。

乌廷玉：《隋唐史话》，北京出版社 1992 年版。

赵剑敏：《细说隋唐》，上海人民出版社 2019 年版。

王小甫：《隋唐五代史：世界帝国 开明开放》，中信出版集团 2017 年版。

宋昌斌：《中国历代王朝兴衰录·大唐王朝》，人民出版社 2013 年版。

任爽：《唐朝典制》，吉林文史出版社 1995 年版。

黄永年：《唐史十二讲（典藏本）》，中华书局 2015 年版。

吴宗国：《说不尽的盛唐：隋唐史二十讲》，北京大学出版社 2020 年版。

葛承雍：《大唐之国：1400 年的记忆遗产》，生活·读书·新知三联 书店 2018 年版。

瞿林东等：《中华文明史（第五卷）·隋唐五代》，河北教育出版社 1992 年版。

吴玉贵：《中国风俗通史·隋唐五代卷》，上海文艺出版社 2001 年版。

沈睿文：《中国古代物质文化史·隋唐五代》，开明出版社 2015 年版。

李岩主编：《中国文化发展史·隋唐卷》，山东教育出版社 2013 年版。

杜道明：《华夏审美风尚史（第五卷）·盛世风韵》，河南人民出版社 2000 年版。

赖瑞和：《唐代基层文官》，中华书局 2008 年版。

赖瑞和：《唐代中层文官》，中华书局 2011 年版。

赖瑞和：《唐代高层文官》，中华书局 2017 年版。

于赓哲：《隋唐人的日常生活》，陕西人民教育出版社 2017 年版。

尚永亮：《诗映大唐春：唐诗与唐人生活》，北京大学出版社 2017 年版。

姚平：《唐代妇女的生命历程》，上海古籍出版社 2020 年版。

蒲实、丘濂：《唐朝的想象力：盛唐气象的 7 个侧面》，中信出版集团 2020 年版。

［日］气贺泽保规：《绚烂的世界帝国：隋唐时代》，石晓军译，广西师范大学出版社 2014 年版。

［日］石田干之助：《长安之春》，钱婉约译，清华大学出版社 2015 年版。

［英］崔瑞德编：《剑桥中国隋唐史（589—906 年）》，中国社会科学院历史研究所西方汉学研究课题组译，中国社会科学出版社 1990 年版。

［美］陆威仪：《世界性的帝国：唐朝》，张晓东等译，中信出版集团 2016 年版。

［美］薛爱华：《撒马尔罕的金桃》，吴玉贵译，社会科学文献出版社 2016 年版。

［加］王贞平：《多极亚洲中的唐朝》，贾永会译，上海文化出版社 2020 年版。

杨仁恺：《国宝沉浮录》，辽宁人民出版社 2020 年版。

李泽厚：《美的历程》，天津社会科学院出版社 2001 年版。

王伯敏主编：《中国美术通史》，山东教育出版社 1996 年版。

王伯敏：《中国绘画通史》（上、下册），生活·读书·新知三联书店

2018 年版。

孔六庆：《中国花鸟画史》，江西美术出版社 2017 年版。

樊波：《中国人物画史》，江西美术出版社 2018 年版。

汤麟：《中国历代绘画理论评注·隋唐五代卷》，湖北美术出版社 2009 年版。

李霖灿：《中国美术史讲座》，广西师范大学出版社 2010 年版。

李霖灿：《天雨流芳：中国艺术二十二讲》，广西师范大学出版社 2010 年版。

潘伯鹰：《中国书法简论》，上海辞书出版社 2016 年版。

熊秉明：《书法与人》，安徽教育出版社 2018 年版。

葛承雍：《书法与文化十讲》，中华书局 2019 年版。

朱关田：《中国书法史·隋唐五代卷》，江苏教育出版社 2009 年版。

齐东方：《花舞大唐春：解读何家村遗宝》，上海古籍出版社 2018 年版。

吕慧鹃等编：《中国历代著名文学家评传》，山东教育出版社 2009 年版。

康震：《中国散文通史·隋唐五代卷》，安徽教育出版社 2013 年版。

吴相洲：《中国诗歌通史·唐五代卷》，人民文学出版社 2012 年版。

罗宗强：《唐诗小史》，中华书局 2019 年版。

林庚：《唐诗综论》，商务印书馆 2011 年版。

刘开扬：《唐诗通论》，巴蜀书社 1998 年版。

吴明贤、李天道编著：《唐人的诗歌理论》，巴蜀书社 2006 年版。

程千帆：《唐诗课》，人民文学出版社 2018 年版。

西川：《唐诗的读法》，北京出版社 2018 年版。

闻一多、蒙木编 :《闻一多说唐诗》，北京出版社 2015 年版。

刘学锴 :《唐诗选注评鉴》，中州古籍出版社 2013 年版。

匡燮 :《唐诗里的长安风情》，西安出版社 2009 年版。

莫砺锋 :《杜甫诗歌讲演录》，广西师范大学出版社 2007 年版。

张友鹤 :《唐宋传奇选》，人民文学出版社 1997 年版。

程遥、千里 :《唐代传奇译注》，吉林教育出版社 1986 年版。

杨荫浏 :《中国古代音乐史稿》，人民音乐出版社 1981 年版。

周锡保 :《中国古代服饰史》，中国戏剧出版社 1984 年版。

高春明 :《中国历代服饰艺术》，中国青年出版社 2009 年版。

谭蝉雪 :《中世纪服饰》，华东师范大学出版社 2016 年版。

叶喆民 :《中国陶瓷史》，生活·读书·新知三联书店 2011 年版。